ベニート=ムッソリーニ
ミュンヘンに向かう車中で。1937年

ムッソリーニ

——ファシズム序説

•人と思想

130

CenturyBooks　清水書院

序にかえて――ムッソリーニとファシズムの今日的意義

本書はイタリアの政治家ベニート＝ムッソリーニと、その創始したファシズムについての基本的知識を提供するいわば入門書である。記述に当たってはあくまでも客観的事実に即してと心掛けた。その基《もと》となったのは、筆者が一九五六年以来、幾度もイタリア暮らしを重ね、その間、独自の調査に加えて機会あるごとにムッソリーニとファシズム研究に当たるイタリアのジャーナリストや学者らと現場取材、資料探査を行った際のノート、メモ類とその資料である。したがって先入観やわが国での既成の概念にとらわれることなく、事実に忠実であることに専一つとめたつもりである。

ムッソリーニといえばドイツのヒトラーとともに、二〇世紀前半にファシズム、ナチズムの全体主義体制を樹立した独裁者として名を馳《は》せたことは周知の通りである。そのムッソリーニは第二次世界大戦末期の一九四五年四月、反ファシズムのパルティィザンにより「イタリア国民の名において」断罪処刑され、遺体が逆さ吊りで公開されたことはいまなお多くの人々の知るところである。

こうして大戦後しばらくは、ムッソリーニの名はヒトラーと並んで「全体主義独裁の権化《ごんげ》」として忌み嫌われるところとなっていた。だが、時の経過と世代の交替につれて、イタリアでのムッソリーニ観はしだいに変わってきている。すでに「ムッソリーニを知らない」とする若年層が年とともに増えつつある。もちろん「ムッソリーニはヒトラーと組んでイタリアを破滅におとし入れた憎むべき政治家」と非難する人々もいまなお少なくない。だがその一方で「ヒトラーと違って、ムッソリーニの場合はすべて悪かったとはいい切れない。業績もあったし、あの時代に必要な政治家だった」と公然と肯定する人々が存在することも厳然たる事実となっている。戦後しばらく、イタリアでもムッソリーニを非難こそすれ、彼を称えるような発言ははばかれる時期が続いたことを思うと、これは大きな変化といわざるを得ない社会現象である。

この点で注目されることは、イタリアでは大戦終結の翌一九四六年末にムッソリーニの流れを汲むネオ-ファシスト政党のイタリア社会運動（Movimento Sociale Italiano＝ＭＳＩ）が結成され、以来、総選挙のたびに五ないし六％の得票率を保ち、数十の議席を獲得してきたことである。だが「異端視」されて万年野党の地位に甘んじていたのが実態であった。

しかし特に八〇年代に入ると、ムッソリーニ時代の党員も姿を消して党内の世代交替も進み、「全体主義はとらない」とする新路線を掲げ、党大会を公開するなど穏健化が進んだ。一九八三年のムッソリーニ生誕一〇〇年に際しては、彼を信奉する人達が豪華な記念出版物を刊行したり、生家のある中部イタリアのプレダッピオ村で集会を開いてその偉業を称えたりするなどの行事が公認されるまでになった。

さらに「ローマ進軍」で知られるムッソリーニの政権樹立七〇周年に当たる一九九二年一〇月に

は、その春の総選挙で前記MSIから下院議員に選出されたムッソリーニの孫娘アレッサンドラを囲んだ大集会がナポリで開かれ、同議員は「祖父の政治は間違ってはいなかった。当時、イタリアは光り輝いていた。我々はあの時代の誇りと栄光を取り戻そう」と訴えて、拍手を浴びたのだった。

そのMSIは続く一九九四年春の総選挙で右派連合の一翼を担って、ついに政権党となった。その穏健化と、戦後一貫して政権にあった中道諸政党の腐敗汚職に国民が反発したことに助けられた形だった。この時のMSIの得票率は過去最高の八・七％(下院)から一躍一三・五％に上がった。これには内外から大きな関心が寄せられ、右派内閣にMSIから五人の閣僚が入閣した時には「ファシスト寄り内閣」への懸念や非難の声が上がった。MSIを不倶戴天《ふぐたいてん》の敵とする左翼民主党（旧共産党）は「ファシズムがまだ生きている。われわれは今後とも十分に監視しなければならない」と表明したほどであった。

以上は戦後イタリアのネオ-ファシスト党の大まかな経緯だが、これでイタリアにファシズムが再び台頭してきたと速断することは禁物である。それは次の二つの理由からである。ひとつはイタリア固有の本来の多様な市民意識が成熟してファシズム再興の土壌が消えたこと、もうひとつはそれにともないあのファシズム時代を冷静かつ客観的に眺める目と余裕がイタリア社会に根をおろし、戦後一時期の反動で一切を否定し去った空気が消えたことなどである。

この点、ムッソリーニに関する声価の高い著書もあるフランスの歴史学者マクス＝ガロ教授も「ムッソリーニの時代から半世紀過ぎたいま、単純にあのファシズムをののしったり賞賛するのではなく、われわれはいまさまざまの角度からX線を照射して客観的かつ冷静に見ることができるようになったのだ。ムッソリーニはヒトラーと違って、まともで平凡な人間だった」と述べているように、ヒトラーがかの狂気によって今日にいたっても全人格的に否定されているのにくらべて、ムッソリーニには人並みの人間らしさを見出す公正な観察者が存在する。

また、私自身少々驚かされるのだが、「イタリアにおける今世紀の偉大な政治家十傑」の中に、ムッソリーニは第五位にランクされていることである。これは高級週刊誌の「レスプレッソ」一九九四年四月二二日号に載った世論調査によるもので、ちなみにそれを挙げると、圧倒的に抜きんでた上位に元大統領サンドロ＝ペルティーニ、元首相アルド＝モーロ、同アルチーデ＝デ＝ガスペリの三人が当然ながら挙げられている。続く中位三人に元大統領ルイジ＝エイナウディ、それにムッソリーニ、元首相ジョヴァンニ＝ジョリッティが並び、その後にわずかな数字で最近の元大統領フランチェスコ＝コッシーガ、元首相ジュリオ＝アンドレオッティ、同アミントーレ＝ファンファーニ、同ベッティーノ＝クラクシの順となっている。このうち戦前の政治家はムッソリーニとジョリッティだけだが、これをみてもイタリアにおけるムッソリーニ観の実像というものが想像できよう。

しかし誤解や誤認を避けるために、より詳細な一般的イタリア人のムッソリーニ観、ファシズム観についての分析の一端を以下に述べておく。これは私が八〇年代中期に、イタリア各地で聞きとった感想の類型を整理したものである。およそ次の三群に大別される。

第一群は「反ファシスト」で、北、中部の中年層に多く、まず彼らは「ムッソリーニは自己顕示欲にかられ、誇大妄想とずる賢しこさで大衆を煽動し、イタリア国民を奈落に落とし入れてしまった。一人の意志で国と国民をあやつろうとした幼稚な政治家」だとして、名前を聞いただけで唾棄《だき》すべきといわんばかりの人達である。中には敢然と「自由と人権を奪った人物で、二度と御免だ。また出てきたら生命を賭しても闘う」とも意志表示する人も少なくない。

第二群はいわば「中間派」。ほぼ全土にまたがる。「確かにあの全体主義には悪い面もあった。反対者を投獄したり、とりわけヒトラーと手を握ってからは誤った方向へ進んでしまった。だが彼の政権が二〇年も続いたこと自体、国民多数が支持していたからだし、実際に信頼していたではないか。彼がイタリア全体の民生向上に尽くした功績は大きい。彼のお蔭で、貧しいイタリアは第一級の国になったのだから」ともいう。

第三群は完全な支持派とも呼ぶべきグループで「ファシズム」に近い。南部と中部の青年層以上に多く見られる。「二〇世紀はじめのイタリアの政治、経済、社会状況からムッソリーニとファシズムはやはり必要だった。一九世紀中ばにイタリアが統一された時、国民には国民意識がなかった。そのばらばらな各地方人にイタリア人という意識を植えつけたのがムッソリーニだった。現にいまでも開発途上の国々では全体主義体制をとっている国が多いではないか」と述べる人達である。そして「国や民族によって、政治の仕方が違うのだ。全体主義は悪いと声高に叫んだのはアングロサクソンの資本主義勢力だ。金もうけには自由主義が不可欠なのだ。全体主義はそれには邪魔だから、彼らは戦前戦後も全体主義をつぶそうとした。だがムッソリーニとファシズムはイタリア全体の福利向上を目指していた。それこそが真の民主政治だと思う」と熱っぽく説く人もいた。

これら三群の比率は大まかに第一群三〇%、第二群四〇%、第三群三〇%といったところである。同じような世論調査の数字がある。前記の「レスプレッソ」一九八四年九月二三日号のムッソリーニの人気調査結果で、「大好き」一一%、「好き」二九・一%、「無関心」一九%、「嫌い」五一・二%、「知らない」七%と出ていた（複数回答）。これが大戦終結直後だったら、これほど多くの「（大）好き」は出なかったであろう。

その背景のひとつとして、歴史を大切にするイタリアだけにムッソリーニやファシズムをタブー視せず、正当に分析・評価する研究が進み、それらの書籍が七〇年代あたりから続々刊行されたことが挙げられる。それらはジャーナリスト、学者などにより多角的に分析されたもので、いまもってその現象は続いている。一般の新聞雑誌にも、ムッソリーニやファシズム時代に関する記事を見ない日はないほどだ。

そうした執筆陣の中でも、その公正さと客観性で国際的にも高い評価を得て影響力を与えているのが、ローマ大学教授で政治学者のレンツォ＝デ＝フェリーチェ氏らの一群で、特にこのデ＝フェリーチェ氏は六〇年代以降ムッソリーニ、ファシズムに関する著書多数を出版し、中でも『ムッソリーニ伝』全八巻は世界的に注目されている。それら著書の中でデ＝フェリーチェ教授が「一九三〇年代にはファシズムと国民の間に〝合意〟がなされていた」とし、「だからこそムッソリーニは二〇年間も君臨出来たのであった」と説く部分は、イタリア内外に賛否両論の渦を巻き起こしたものであり、それがまたイタリアの世論形成に深い影響を及ぼすことになったといえる。

そのデ＝フェリーチェ教授はじめ多くの研究者はファシズムに「イズム」というギリシア語源の「主義」「教義」の語意がつけられているものの、いわゆる思想大系といった哲学的基礎を持つものではなく、むしろ「行動様式」を意味すると解釈している。つまり、政治の「手法」ということになる。「ファッショ」については本文中で後述するように〝結束〟〝団結〟を意味するイタリア語の名詞だが、そこからファシズムとファシストという用語も生まれた。これらの言葉は、ムッソリーニの死とともに消えるどころか、レトリックとして戦後も世界中で日常化して使われている。それというのもデ＝フェリーチェ教授らの説くようにそれは「政治手法」という普遍性を帯びているからにほかならない。

戦後に独立した第三世界諸国では、多くの指導者が独裁ないし専制政治を行ってファシスト呼ばわりされた例は数多い。軍事政権も同類である。フランスでもシャルル＝ドゴール将軍が大統領時代、そのフランス至上主義をもって「ファシスト視」されたことさえもあった。東西冷戦時代に、進歩的知識人を「赤呼ばわり」して追放したアメリカ共和党上院議員ジョセフ＝マッカーシーも、またアメリカによるヴェトナム戦争もヴェトナム支援国からそれぞれ「ファシズム」と非難された。旧ソ連のヨシフ＝スターリン書記長の専制政治はじめ、ソ連軍出動によるハンガリー動乱（一九五六）、チェコスロヴァキア進攻（一九六八）なども、まさしく「ファッショ政治」そのものとして断罪された。最近ではドイツのネオ＝ナチによる外国人労働者への暴行事件も、いうまでもなくファシストの烙印を押されている。

こうしていわゆるファシズムは、歴史の中の遺物ではなく歴史的現在に生きている。その政治的手法は二一世紀においても時とところ、形や姿を変えて現れるはずである。ファシズム的政治手法なるものは、こうみてくると大昔から存在してきたものであり、ムッソリーニの時代にそれらのさまざまな手法が総花的にみられたということになる。したがってファシズムとは何かを知り、かつ勉強するためにはムッソリーニ時代を知ることが最良の方法であり、具体的には前記デ゠フェリーチェ教授をはじめ多くは、ムッソリーニ時代におけるファシズム体制の発生、形成および完成への歴史的過程を時代背景とともに理解することが基本だとしている。つまりファシズムというのは政治理念ではなく、あくまで政治の手法、方法であり、哲学や理論はあとから都合よく構築したとの立場からである。この点はまさしく事実であり、私も全くこれに同感である。

本書は以上の趣旨をふまえて、ムッソリーニという一人の政治家の伝記的要素を織り込みながら、ファシズムの発生からその形成過程、またさまざまなその手法、イデオロギーなどの基本を時代背景とともにまとめた次第である。

なお本書では、ムッソリーニの称号ドゥチェ（Duce）を「統帥」と、当時からの日本語を引き継ぎ、ヒトラーのフューラー（Führer）についても同じように「総統」とした。

目次

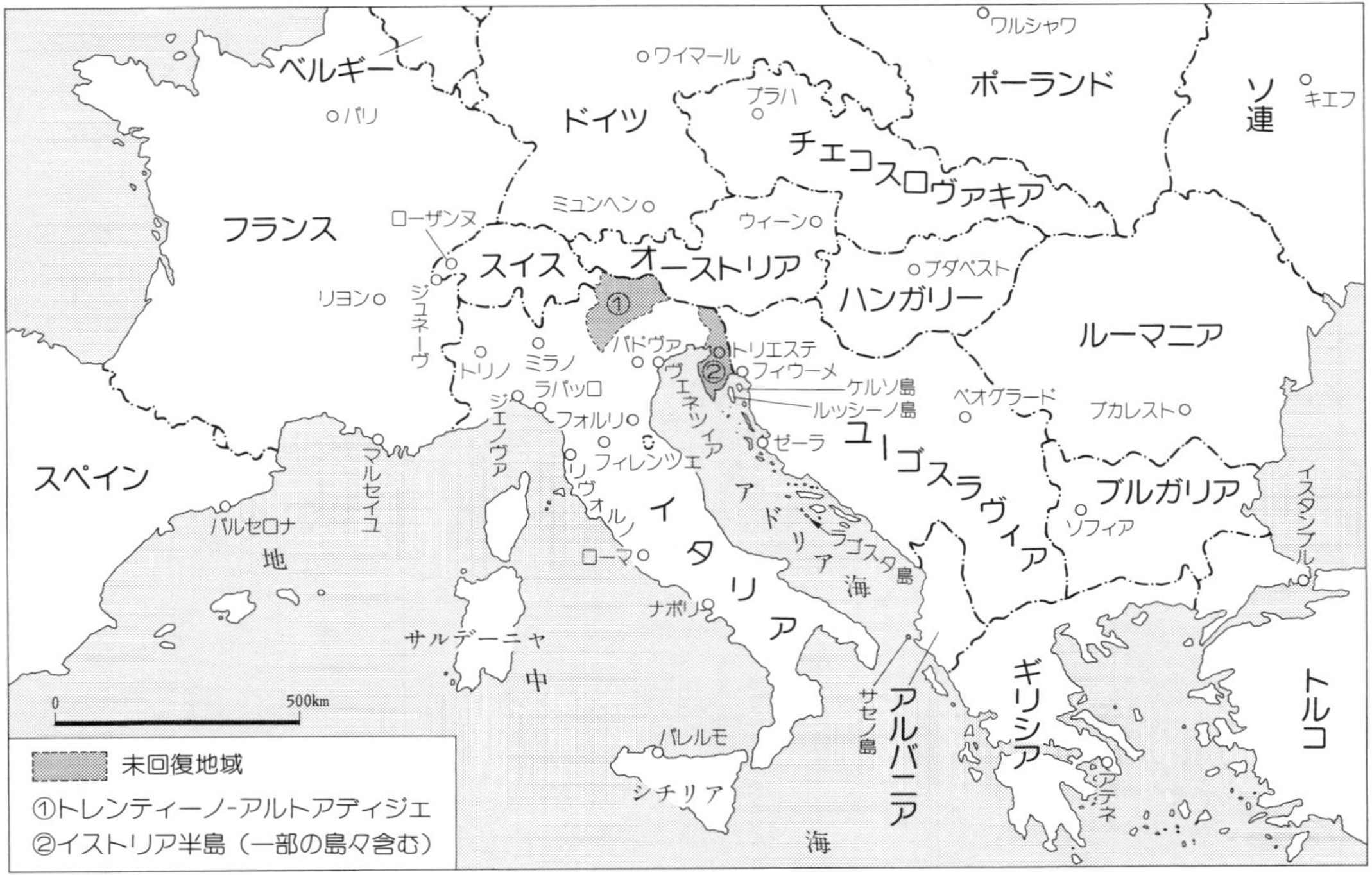

第一次世界大戦後のイタリア

I　近代国家にむけて

若き日のムッソリーニ

ベニート＝ムッソリーニは一八八三年七月二九日、イタリア中部の肥沃《ひよく》な農業地帯ロマーニャ州に生まれた。生地はフォルリ県プレダッピオ村ドヴィアという集落である。石造りの二階建の生家がいまも残っている。

父アレッサンドロは農具作りの鍛冶屋を営み、母ローザは村の小学校教員であった。大抵の人は生まれた家庭、その土地柄、さらにはその時代などの影響を多かれ少なかれ受けながら成長するものである。ベニートの場合はそれが人一倍色濃かったようである。

革命家への期待

父は生まれたばかりの長男に、迷わずベニートと名づけた。当時の中米メキシコの革命家ベニート＝フアレス（一八〇六～七二）にあやかったものだ。そのうえ、アミルカーレとアンドレアという名前も一諸につけられた。これは日頃、アレッサンドロがフアレスとともに敬愛してやまないイタリアの社会主義者アミルカーレ＝チプリアーニ（一八四四～一九一八）とアンドレア＝コスタ（一八五一～一九一〇）にちなんだ。アレッサンドロの社会主義への心酔ぶりと、息子に託した革命家への期待の大きさをうかがわせる。

それというのも、ヨーロッパの産業革命に伴って一九世紀前半に興《おこ》った社会主義という新思潮が、

ムッソリーニの生家
イタリア中部のプレダッピオ村

この僻村でも熱っぽく語られていたからである。後年、ムッソリーニは生い立ちについて次のように語っている。

「郷里プレダッピオ村は空気の澄んだ美しい農村で、葡萄がたわわに実り、豊かな泉が多かった。祖先は一三世紀頃ボローニャの名家だったが、豪族同士の権力争いで盛衰をくり返したそうだ。時代は下だって、一族の中からは外国に出たものもおり、一八世紀にはロンドンで合奏団の指揮者として名を成した人物もいた。そして警備隊将校だった祖父、たくましい腕の鍛冶屋の父と続くのだが、父は社会主義思想を抱き、それを村民達に説く時の目は輝いていた」(『自伝』)。

だが実際はこの父は大の酒好きで毎夜、仲間や村民達を家に呼んでは酒を振舞い、「ブルジョワの社会や正義などというものは偽善で、いまに必ず亡びるのだ」などと、生半可な社会主義論を講釈するのがつねであった。たまたまフォルリ県の左翼新聞の通信員を兼ねていたためでもあるが、本人はいっぱしの社会主義者のつもりでいたらしい。しかし農村が貧しければ農具も売れず、そのうえ大酒飲みときて、家計はすべてローザの給料に頼るほかなかった。

これがベニートの生まれた時のムッソリーニ家の実情であった。

父アレッサンドロ（右）と母ローザ

イタリア統一とロマーニャ地方

ここで当時のロマーニャ州を含めたイタリアと、それを取り巻く世界について触れておかねばならない。

ベニートが生まれた時、イタリアは近代国家として発足してまだ二三年しか経っていなかった。サルデーニャ王国のサヴォイア家の名君ヴィットーリオ＝エマヌエーレ二世（在位一八四八～七八）の治政下に、思想家マッツィーニ（一八〇五～七二）、宰相カヴール（一八一〇～六一）、軍人ガリバルディ（一八〇七～八二）らリソルジメント（イタリア統一運動）の功績で、オーストリアからの独立戦争ののちイタリア王国として誕生したのは一八六一年のことである。それまでは古代ローマ、東西ローマ帝国崩壊後、イタリア半島には中世以来、都市国家が乱立し、さらにその後はオーストリア、フランス、スペインなどの領土に分断され、オーストリアの宰相メッテルニヒ（一七七三～一八五〇）がいみじくも述べたように「イタリアとは単に地理的名称に過ぎない」状態であった。そのイタリアがついに統一され、さらにイタリア国民の夢であった「古代の栄光」を担うローマが首都となったのは、統一の一〇年後の一八七〇年のことであった。つまり、まだ生まれて間もない国にムッソリーニは生を享《う》けたことになる。

しかもそのロマーニャ地方は、中世以来ローマ教皇領に属していた。この歴史的事実は、アレッサンドロが社会主義思想に傾いたこととも大いに関係があり、その子ベニートにも陰に陽に影響を及ぼした。この幾世紀にもわたるカトリック教会支配への反動として住民の間に根強く息づいていた反権力意識が、反教会的傾向からさらに社会主義思想を受け入れ易くしていたのである。この点は隣接のトスカーナ、ウンブリア両州とともに今日も受け継がれている。見逃し得ないのは統一当時、それまでの反動として住民の間に旧支配層への暴力を容認する空気が強まったことであった。若者達はとくに喧嘩早く、暴力を振るったり言論で攻撃したりするケースは日常茶飯事であった。

国内体制の整備

イタリア王国全体で見ると、近代国家をめざすには難問が山積していた。何よりもまず政治・経済・社会すべての新しい制度、組織を整備するにも、それまで幾世紀にもわたり十指を越す国々に分立（二〇ページ地図参照）していたため、簡単にまとまろうはずもなかった。輸送手段や道路網整備の事業は従来の狭い都市国家観念や伝統的な郷土意識に阻まれて必ずしもスムーズには運ばなかった。例えば統一当初、首都はサヴォイア家発祥の地トリノに置かれたが、のちに中部に領土拡大の結果フィレンツェに遷都（一八六五）と決まるや、トリノ市民が抗議の大暴動を引き起こしたりした。また、それまでの都市国家間の連絡道路網は粗末極まりなかった。統一当時の名宰相カヴールさえも、中部以南の土地には一歩も足を踏み入れたことはなかった。これは道路不備もさることながら、カヴール自身が南部を別の国であるかのように意

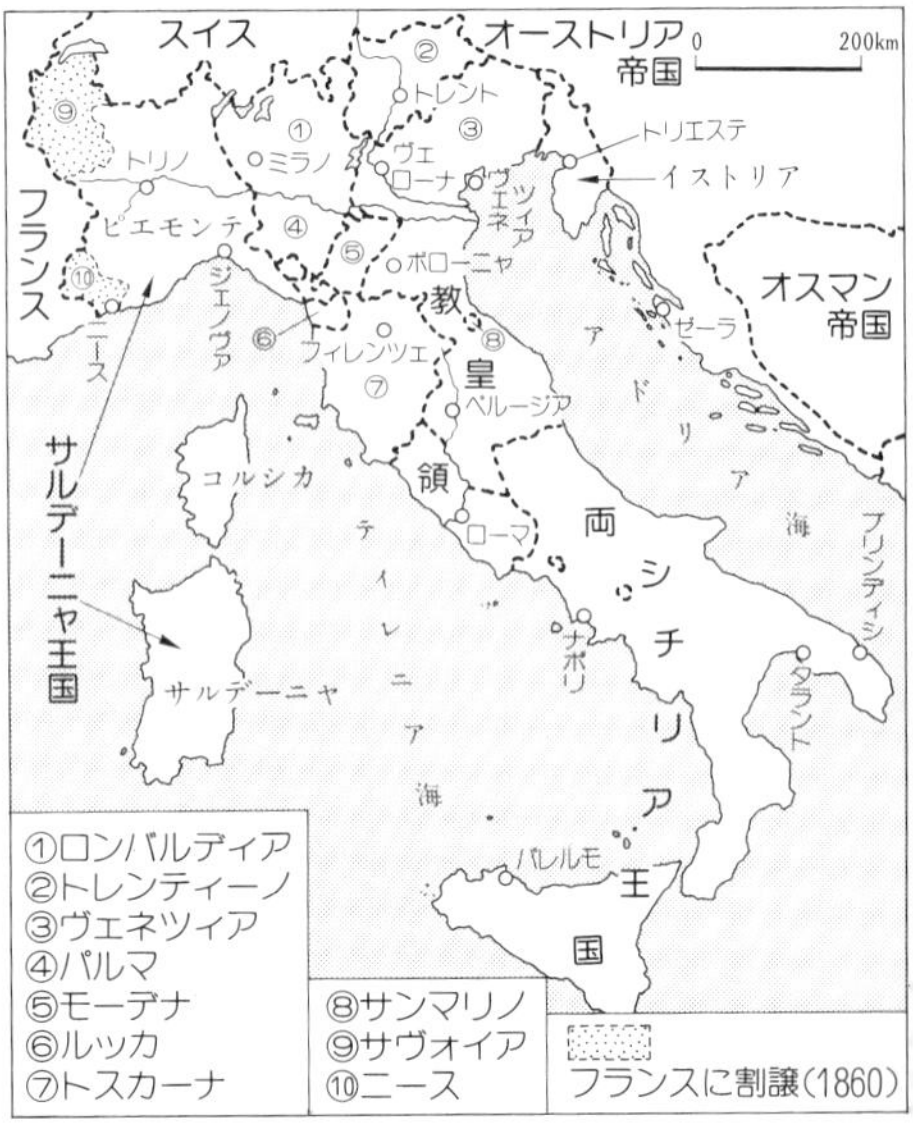

統一前のイタリア

識していたからだともいわれている。

その南部は北部イタリアとは地理的、歴史的、文化的にも異なった顔を持っていた。北部がヨーロッパ大陸諸国とより厚く交流してきたのに対し、南部はむしろ地中海諸国との往来を重ねて来た結果であった。北部のポー川沿岸が集約農業で豊かな生産に恵まれ、また多量の資源のお蔭で工業化も進展していたのに対し、南部は大地主制に加えて、水不足による不毛の土地柄であった。そのうえ数世紀もの間フランス、スペインなど外国支配に苦しみ、社会的にも北部より一世紀遅れているといわれてきた。この南北の不均衡は、今日もなおイタリアの南北問題として重く尾を引いている。すでにその頃、イギリス、フランス、ベルギーなどでは産業革命が著しい進展を遂げていた。その一九世紀から二〇世紀にかけては、「石炭と鉄の時代」と定義されるように、エネルギーとしての石炭と資材としての鉄が近代化の主役であった。だが肝心のこの二つがイタリアには乏しかった。若いイタリアは発足当時から他の欧州諸国にくらべてハンディを背負っていたのである。

そのイタリア統一から約一〇年後の一八七一年一月、プロイセンの〝鉄血宰相〟オットー＝フォン＝ビスマルク（一八一五〜九八）は、プロイセン王を皇帝にドイツ帝国を樹立し、ドイツ統一を成し遂げた。その中間の一八六八年に、日本では明治維新による天皇制新政権が生まれ、イタリア、ドイツと同様に近代国家建設が緒に着いたのだった。イギリス、フランス、アメリカが先発資本主義国とすれば、イタリア、日本、ドイツは後発資本主義国ということが出来る。この二つの資本主義グループの登場は、二〇世紀に入るとともに歴史の歯車を動かす大きな政治経済の要因となり、また本書の主人公ムッソリーニの人生にも決定的ともいえる影響を与えることになる。

当時のイタリアは国内体制確立のため支出の増大を来たし、それは当然、三〇〇〇万近い国民の背に増税という重圧をかけた。特に農民の多くは食うや食わずの生活を強いられ、農地を手離したり日雇い労務者になるものも続出していた。農民一揆は各地で頻発《ひんぱつ》し、おりから、反抗的な中部イタリアで著しかった。

加えて農民層を苦しめたのが、徴兵制の実施であった。新政府は近代化のための工業に従事する青年を温存し、農村青年の徴兵に重点を置いた。青年が有力な労働力である農村はこのため年とともに衰退を余儀なくされた。

こうして近代国家への道を急ぐあまり、負担の多くが国民の大半を占める農民層にのしかかったことは、後発資本主義国に共通していた。しかも納税者であるにもかかわらず、その多くは選挙権さえ与えられていなかった。一八八二年、つまりムッソリーニが生まれる前年に選挙権は小学校卒業の青年男子に拡大されたが、それでも有権者総数は全土で約一五〇万人でしかなかった。このこ

14歳のムッソリーニ

とは就学率も低く、封建制を温存したまま近代化を急いだことを物語っている。

成績抜群の小中学校時代

ムッソリーニは後年、少年時代を回顧して「子供の頃はとても貧しかった。でもつらかったことが自分の精神を鍛《きた》え上げてくれた」と誇らしげに語るのだが、子供の頃の彼の家の食事は黒パンとスープだけが常食で、肉らしいものを食べるのは日曜の夜くらいであった。

毎日曜日には、敬虔《けいけん》な母に連れられて教会に詣でた。社会主義者を自認する父はついぞ同行しなかった。その母はムッソリーニに本を読んで聞かせたり、字を覚えさせたりした。小学生の頃は年上の子からよくいじめられた。生意気だったからだ。利口で頭のよい子供だったので小学校卒業後は、大分離れたファエンツァの教会系寄宿中学サレジオ学院に進学した。生徒は納入学費でランク付けされ、部屋や食事も貴族の子、金持ちの子、それ以外の子で区別されていた。ムッソリーニは「それ以外」の子で、この差別には父譲りの反抗心をよく爆発させる問題児だったが、成績は抜群であった。

だがある日、とうとう食事の差別に仲間と反乱を起こしてハンストを始めた。これが尾を引いて貴族の子弟をナイフで刺傷させるという事件を引き起こし、遂に退校処分となった。

プレダッピオに連れ戻されたムッソリーニ少年は、母から授業を受けたが、数ヵ月後にはこんどはフォルリ南部フォルリンポポリの自由な空気の王立師範寄宿学校に入れられた。彼は「地獄から天国に来た」と喜んだものである。ここでは好きな音楽に熱中し、とりわけトロンボーン吹きが大得意だった。学校の合奏団の一員となって、充実した生活を送った。だがいつも「花園の中の雑草」と自称するほど孤独感を懐き、社会の動きにも目を向けるようになった。

イタリア資本主義急成長の光と陰

ムッソリーニの目に映ったその頃のイタリアを含めたヨーロッパは、産業化を進めながら、資源を求めての植民地支配に各国とも懸命であった。先発の資本主義国はすでに中近東やアフリカに植民地を築き上げていたが、イタリアは出遅れていた。

そのイタリアは急テンポで近代化が進み、著名な政治学者ガエターノ＝サルヴェミーニ（一八七三～一九五七、イタリア生まれの米ハーヴァード大学教授）の言葉を借りれば、「二〇世紀初頭、イタリアは列強中、最も急速な成長を遂げていた」。それによると、人口は一八七〇年に二七〇〇万人だったのが一九一四年には三五五〇万人に急増しており、船舶も一八六二年の保有トン数一万トンが一九一四年には九万三三〇〇トンに、石炭輸入は一八八一年の二〇〇万トンが一九一三年には一一〇〇万トン、また小麦生産量も一八九〇年代の年平均三六〇〇万トンが一九〇〇年代初頭には同五〇〇〇万トンに上昇していた。

北イタリアのトリノにはフィアット自動車製造工場が創設され、一九〇〇年代に入ると外国に輸出する生産能力を備えるに至る。やがてオリベッティもトリノ北方のイヴレアに工場を設立、事務機器でヨーロッパ近代化に貢献することになるのだが、ほかにも北部を中心に絹製品業、食品工業、造船所などが、アルプス山麓に次々と完成した水力発電施設によって年々盛んとなった。ムッソリーニが成長するこの一九世紀末から二〇世紀はじめにかけては、イタリア資本主義の輝かしい開花期といえる。

だが、急成長の一方で、経済的社会的なひずみも生じた。当時、鉄道網は北部に集中し、南部はその十分の一もない事実に象徴されるように工業化は北部に偏在し、南部との格差は拡がるばかりであった。古くからの封建制も一挙には改まらず、失望する国民も少なくなかった。金持ちや大地主が利益を吸い上げて中産階級は育たず、工業化に欠かせない労働者階級だけが待遇の改善を受けていたのである。こうして地主対農民、資本家対労働者だけでなく工業労働者対農民という対立も各地で先鋭化したのが、イタリアの急速な近代化の陰の部分であったのだ。

「労働者ファッショ」とアドワ事件

なかでもムッソリーニの育ったロマーニャ州はその最たるものであった。父アレッサンドロが尊敬していた地元の革命家アンドレア＝コスタは、一八八二年に社会主義者としてイタリア最初の国会議員になっていたことでも分かるが、一八九五年にその彼はあらためてイタリア社会党（同党左派は一九二一年に分派してイタリア共産党となる）を創設、一八九七年の総選挙では一挙に一六人の代議士を国会に送った。ムッソリーニは小躍りして喜ぶ父を見て、「大人になったらきっと社会党国会議員になって、父を喜ばせてやりたい」と心に決めたという。

そのフォルリンポポリの師範学校時代、農民らが徒党を組んで地主や豪農を襲い、倉庫や穀倉を壊し、農機具や食糧を農民に分配したり、奪ったりしていくのを幾度も目撃した。これは「労働者ファッショ」と呼ばれた運動で、まず一八八一年にシチリアの農民や労働者の間で起こると、徐々に全土に広がっていった。苛酷な税金に苦しむ農民が土地再分配や税金の軽減を要求して起こしたもので、警官隊と衝突して死傷者を出すことも珍しくなかった。

この「ファッショ」というのは古代ローマの執政官の標識で、斧のまわりを薪でたばね、〝団結〟とか〝結束〟を意味していた。単数ではFascio《ファッショ》だが、複数はFasci《ファッシ》である。後年、この「ファッショ」がムッソリーニの政治運動の呼称や党標識として使われることになる。

ファッショの標識　フォルリ市の電柱に残っている。著者撮影

間もなく二〇世紀に入ろうとする頃、時の首相はフランチェスコ＝クリスピ（一八一八～一九〇一）という「大国主義」を目指す人物で、アビシニア地方（現在のエチオピアの別名）で他の列強と植民地競争に乗り出していたが、一八九六年三月アドワの地でイタリアの将兵約五〇〇〇人が現地人に包囲襲撃されて戦死するという事件が起こった。ムッソリーニの学校でも戦死者の冥福

を祈る式典が行われ、ムッソリーニ少年も復讐を誓ったという。

そうした植民地獲得競争のためにも、重税はいぜん厳しく、北部の活況の届かない中南部の農民は貧困や飢えにさいなまれた。このため外国に移住、出稼ぎする数も年々増加した。一八九六年のある日、ムッソリーニもフォルリンポポリから九組の家族がブラジルに移住する離別の光景に出会った。その悲しい情景をいつまでも忘れることは出来なかったという。その年、彼は一三歳で社会党に入党した。

統計によると、移民者の数は一八七六年から八〇年まで年平均一〇万人が、その後は年に五〇万人に激増し、二〇世紀に入ると六〇万人と増えてゆく。この傾向は一九二〇年代まで続くのである。その二〇世紀に入った一九〇一年一月、オペラ界の重鎮で世界的名声の高いジュゼッペ＝ヴェルディ（一八一三〜一九〇一）が死去した。この大作曲家のため各地で追悼式が挙行され、フォルリンポポリでは学校の推薦を受けてムッソリーニが市民劇場で追悼演説を行ったのである。ヴェルディはその作品でイタリアの愛国者と賛えられた人物でもあった。少年ムッソリーニはそのヴェルディの愛国心を強調する政治演説をもって追悼に変えたが、翌二月一日付社会党全国機関紙「アヴァンティ！（前進！）」には、それを賞賛してムッソリーニの名前が活字として初めて躍ったのである。

革命への目覚め

師範学校卒業とスイス入り　一九〇一年夏、師範学校を卒業と同時に、ムッソリーニは教員資格試験に合格した。一八歳であった。

「とうとうやった。これで一人前になった！」

天にも昇る気持ちだった。だが資格取りたての若者が多く、すぐに新規採用するような学校はなかった。その年ずっと職探しに奔走する。その間、学校時代に歴史、文学、大衆心理などで抜群だった誇りがいまや無残に打ちくだかれた思いで、教員資格認定書を握りしめながら、「これは一片の紙切れだ。なんと馬鹿らしい世の中！」と幾度も呪《のろ》ったものだ。

彼のいつもの反抗精神はこうして、既存の社会へと向けられ、失業のつらさと不公正な社会への恨みから酒や若い娘達を追い回す日々を重ねた。生活はどん底だった。

「金はない。だが俺には勇気がある。」

ムッソリーニは仕事で使うと偽って、母に電報で少々の金額を送ってもらうと、手荷物一つでスイスに国境を越えた。

当時スイスは各国の無政府主義者、革命家、社会主義者、政治犯などのたむろする〝避難所〟となっていた。ムッソリーニがなぜ思い立ったようにスイス入りしたのか。後年、彼は勉強のためとその理由を書いているが、必ずしもそれだけでなく、出稼ぎとか徴兵忌避が目的だったようだとの説も、スイス時代の友人の語るところだった。

二〇歳前後のムッソリーニは、そのスイスで生きるため何でもやった。普段はジュネーヴやローザンヌなどで石工として肉体労働に励んだ。みすぼらしい姿で、橋の下で荷箱の中に眠っているところを警官に逮捕されたこともある。石工の仲間にはイタリアからの出稼ぎが多く、彼が知識人でもあったため石工組合の書記にかつぎ上げられたり、組合の新聞記事を書いたりしてイタリア人社会で名も知られるようになった。

加えて、スイスに亡命している外国人との交際も頻繁となっていた。とりわけ帝政ロシアの警察の追及を逃れたロシア人革命分子が多かった。その一人にアンジェリカ＝パラノーヴァという知識人の女性がいた。彼女はいつも指導者面《づら》をしたみすぼらしいムッソリーニに好意を寄せた。年上のこの女性はなにかと彼のために仕事を探して来たり、書物を貸し与えては、「若い時は勉強するように」と励ました。

無神論者ムッソリーニ

相変わらず貧乏ではあったが、彼はこのアンジェリカのお蔭でニーチェ（一八四四〜一九〇〇）、ショーペンハウアー（一七八八〜一八六〇）、ソレル（一八四七〜一九二二）などの哲学書、社会科学書を読みあさるようになった。マルクスの『共産党宣言』を読んだというのもその頃である。ムッソリーニにとって、このアンジェリカとの出会いは世界に眼を開かされたに等しかった。その結果、彼は郷里にいた時よりもずっと社会主義的傾向を強めていった。

一九〇三年、革命家気取りのムッソリーニは各地でスト、暴動をけしかける〝過激分子〟であった。スイス政府は七月、彼を国外追放したが再びスイス入りした。こんどはまさしく徴兵逃れのためであった。翌年早々には入営の年齢だったからである。こうしてまたも放浪生活が始まった。

その彼は無神論者になっていた。かつて母に手をひかれて教会に行っていた人間とは思えないほど、思いつくままに教会に乗り込んでは多くの信徒の前で神父を論難したエピソードも語り伝えられている。例えば一九〇三年九月七日のこと、神父が信徒達に神の教えを説いている最中、ムッソリーニは突然立ち上がり、「神など存在しない」と大声で言い放った。びっくりした神父の机の上に、彼は自分の腕時計をおもむろに差し出して、祭壇に向かって再び口を開いた。

「神よ！　お前が本当に存在するなら、私を撲り殺せ。五分以内に！」

教会には驚きと重い沈黙が続く。しばらくしてムッソリーニは皆を見渡しながら、強い口調でゆっくり叫んだ。

「五分経った。私は生きている。どうです、皆さん！　神などはいないことを神父も知ったろう。反論せよ！」

彼は勝ち誇って、教会を出ていった。

帰国と母の死

一九〇四年一一月ムッソリーニは突然、イタリアの郷里に帰った。皇太子ウンベルト二世が誕生して恩赦が行われたからである。実はムッソリーニに対しては、それより先き徴兵忌避罪により、欠席裁判で有罪が宣告されていた。機を見るに敏な彼は、この恩赦の機会を逃さなかったのだ。故郷の両親のことも気になっていたし、社会主義者としてのさまざまの経験をイタリアで生かしたいという気持ちも兆《きざ》していた。しかもきっと成功するとの確信を抱いていた。

その年の暮のイタリア情勢は、社会主義者ムッソリーニにとって有利に動いていた。経済も活発で、労働者勢力は強まっていた。前年の総選挙で左翼新興政党の社会党は下院に一挙に三三人も当選させた。時の自由主義者ジョリッティ（一八四二～一九二八。一八九二年以降、5回首相を歴任）政権はその社会改良政策から、社会党や労働者勢力と宥和をはかろうとし、週休一日などの保障を法制化、中産階級を増やそうとしていた。

プレダッピオに戻ったムッソリーニは、警察からはいぜん「危険分子」として警戒されていたが、村民やフォルリ市民の間では、スイス時代に書いた新聞記事のお蔭で、論客としての評判が高かった。

だが帰国早々、教員である母が病いに倒れ、代わりに教壇に立ったが、翌年一月に徴兵されてヴェローナ第一〇狙撃兵連隊に入営する。当時の兵役は一八ヵ月であった。

入隊後間もない二月一九日、病床の母が亡くなった。四八歳だった。許可を得て帰郷し、そのまま母の後を追おうとさえ思ったほど悲嘆にくれたが、脱営の罪を犯すことも出来なかった。翌年秋、〝よき兵士〟として除隊する。

その後、いくつか教職に就いたものの警察の「不穏分子」のレッテルがどこまでもついてまわり、学校側から嫌われてどれも職を失った。社会主義を信ずる彼は、労働運動や農民運動の指導者になる以外に道はないと、教職を捨てて仲間のいる郷里に戻るほかなかった。これは運命的な人生の選択でもあった。

「暴力こそは正義なのだ」

そのプレダッピオで彼が見たものは、以前よりも激化した地主と農民の対立と、それに伴う農業の危機的実態であった。当時、イタリア全人口の五五％が農民で、その数は約二〇〇〇万人近かった。しかし自分の農地を持つ農民はその四分の一の五〇〇万人に過ぎず、しかもその十分の九はわずか二エーカー以下の農地しか持っていなかった。つまりイタリアの農民の大部分は、小作農か日雇い農民だった。こうして農村は、地主と貧農という二つの階級が対立する社会だったのである。

それというのも、工業化・産業化が進むにつれ、労働者は労働組合などによってその権利が守られるようになったものの、農民は昔そのまま、地主の言いなりに労務を提供し、賃金も一方的に決められていた。このため農民側は、地主からの農機具賃借代金、賃金、労働時間などを管理する農民同盟を設立して農民の自由を確保するよう要求してほぼ全土で闘争を展開していたのである。農民を置き去りにしたジョリッティ政権の責任でもあり、全国各地で大小規模の暴動も勃発していた。

特に先鋭的なロマーニャでは、あらゆる争いに暴力がつきもので、ムッソリーニとしては「水を得た魚」のように、農民達の間を駆け回ってはスイス時代の体験を生かしてストライキも指導した。極めて有能な煽動政治家でもあり、時には農民の先頭に立って地主に暴力行為にも及んだ。

彼は父と同じように情緒的な社会主義者で、時にアナーキスト、ある時は組合主義者を演じ、いつも杖《つえ》を振りつつ群衆に煽動的な演説をぶった。以下の名台詞《せりふ》は新聞にも伝えられ、いまも語り草となっている。

「諸君、流血を恐れてはならない。変革は流血の中から生まれ、達成されるものなのだ！」

「古代ローマにおいて、中産階級は傭兵達によって築かれた。その傭兵達は蛮族出身であった。将来の中産階級を望むならば、すべからく諸君は蛮族になるべきである。」

「法律は守るためにあるのではなく、犯されるためにある。正義のために法律をおかすことは許される。その時に、暴力は武器となる。暴力こそは正義なのだ！」

彼はこうした発想をスイス時代に、ニーチェの書から学んだという。このドイツの哲学者の「危険に生きる」とか「権力への意志」の言葉にムッソリーニは強く魅せられたとも語っている。ニーチェこそは彼の生涯の愛読書で、三三年後にはその誕生日にヒトラーからニーチェ全集を贈られている。

さてそのムッソリーニは、郷里での農民運動を指揮している最中、相手のある大地主に持っていた杖で「正義の暴力」を振るった。騎馬警官隊がムッソリーニを現行犯で逮捕、フォルリの刑務所に投獄した。二週間で出獄すると、農民団体や社会党機関紙が彼を一斉に賛辞で迎え、ムッソリーニの名前は一躍、「若きリーダー」として中部イタリアで人気を高めることになった。

彼が初めて本格的に取り組んだ農民闘争のお蔭もあって、ジョリッティ政府は一九一一年に農民の同盟組織とそれによる賃金管理権を承認、日雇い農民の保護も曲りなりにも確立されることになる。

ラケーレとの再会

その頃、ムッソリーニの父は昔からの友人で未亡人のアンナ＝グィーディとフォルリで同居し、食堂を営んでいた。グィーディの五番目の娘で一八歳のラケーレが、その近くで働いていた。ラケーレは小学校時代、ムッソリーニに勉強を教わったこともあった。約一〇年ぶりに会ったのだった。その時から二人には恋心が芽生えた。ムッソリーニは二五歳になっていた。その彼にはオーストリア領トレンティーノ県のイタリア人労働組合の書記兼労働者新聞編集者としての就任依頼状が寄せられていた。社会党員で農民運動に見せた力量と手腕を見込んでのことであった。彼がフォルリを発つに当たって、一家はささやかな別れの宴を開いた。ムッソリーニはヴァイオリンを弾いたり、ラケーレとダンスを踊ったりしたあと、「僕が帰るまで待っていてほしい。結婚したいんだ」とラケーレの耳元に告げた。

未回収地回復運動

ムッソリーニが赴任した当時のトレンティーノ県は、南チロルとも呼ばれるオーストリアの一部で、県内には三万八〇〇〇人のイタリア人が住んでいた。地理的にもアルプスの南にあって、昔からのイタリア人居住地でイタリア的伝統と文化が色濃く、統一イタリアにとっては当然イタリアに帰属すべき土地であった。その頃イタリアではこうした地方を「未回収地」と呼んで、現地でのイタリア回復運動に本土も呼応して熱心な帰属運動が展開されていた。こうした未回収地はほかにもトレンティーノの北のボルツァーノ地方、それに東部にあるトリエステを含むイストリア半島などがあった。

ムッソリーニは県都トレントで、「ラヴェニーレ-デル-ラヴォラトーレ（労働者の未来）」、次いで「ポポロ（人民）」の二つの新聞編集にたずさわった。後者の「ポポロ」紙編集長チェーザレ＝バッティスティ（一八七五～一九一六）は、当時の最も精力的な未回収地回復運動の中心人物で、間もなくオーストリア国会議員になりながらも「トレンティーノのイタリア化」運動に献身し、第一次世界大戦にはイタリア軍に志願してオーストリア軍と戦い、運つたなく捕まって処刑（一九一六）されるという英雄的な愛国者であった。このバッティスティの薫陶《くんとう》を受け、社会主義者ムッソリーニは愛国者としての目を開かされることになる。

同じ頃、イタリアではガブリエーレ＝ダンヌンツィオ（一八六三～一九三八）という著名な文学者兼詩人が「古代ローマの栄光」やイタリア統一の英雄達を称えて、イタリア民族主義をかきたてる作品を次々と発表していた。それらは貴族趣味ながら天才的な修辞法、絵画的、演劇的な絢爛《けんらん》さに彩られ、読む人の心を奪うものを持っていた。三島由紀夫が賛美し、敬愛した文学者の一人だが、ムッソリーニはこのダンヌンツィオからも精神的、思想的に大きな恩恵を受けることになる。彼は以後この作家を師と仰ぎ、ダンヌンツィオの方もまたムッソリーニを陰に陽に支援したのだった。

この年月、北イタリアに起こった未回収地回復運動と、それに伴って新たに湧き上がったイタリア民族主義的イデオロギーこそは、若きムッソリーニを鼓舞してファシズムという二〇世紀世界を大きく彩る思想を生む起爆剤となるのである。

結婚と機関紙編集長就任

そのムッソリーニはトレントで反オーストリア的な論調をあおり続け、その結果オーストリア政府から国外追放を受け、一九〇六年に郷里フォルリに舞い戻った。そこではラケーレにさる測量士が結婚を申し込んでいることを聞いて、怒ったムッソリーニはピストルを出すと、父アレッサンドロとラケーレの母アンナに向かって叫んだ。

「弾丸は六発入っている。まず一発をラケーレに。あとは俺だ！」

父とラケーレの母は、この剣幕に驚いて二人の結婚を認めた。年が明けた一九一〇年一月に結婚した。彼らしく教会での式も行わず、民法上の手続きもとらなかった。二人は寝室と台所だけの小さな二部屋の家で暮らしはじめた。ムッソリーニはその時フォルリで四ページの週刊紙「ラ・ロッタ・ディ・クラッセ（階級闘争）」の編集長を頼まれていた。地元社会党の機関紙で、月給も一二〇リラであった。教員時代の給料が月五〇リラだったから、高給取りになったことになる。新妻ラケーレはムッソリーニの目に違わず、家庭を大事にする堅実な働き者だった。いわゆる美人ではないが、中肉中背のガッシリした健康美に恵まれた良妻賢母型の女性であった。

そのラケーレの内助の功もあって、「ラーロッターディークラッセ」編集長の仕事は、大きな成果をあげ続ける。ムッソリーニがこの仕事をまかせられた時、発行部数は一〇〇〇部に過ぎなかった。それが二年も経たないうちに二〇〇〇部に倍増させたのである。新聞を読む人も少ない小都市だけに、これにはジャーナリズム界も政界もいちように驚嘆した。

彼は自作第一号に、「暴力だけが旧体制を打破出来る」という論説を書き、自分の考えをありのまま紙面にぶつけた。反教会主義や反軍国主義を露骨に活字にし、「軍隊は資本主義とブルジョワを守るためにある」とか「戦争に狩り出されたら、兵士達はその政府に対して市民戦争を展開すべきだ」などと説いた。「税金で軍艦を買うくらいなら、その金で教師を養成したり農民のための農具を買った方が賢明だ」の文字には、反対派の政治家も感心し、かえって恐れをなしたといわれる。

時には演説会を開いて、自分の考えを訴えては「優れた人物はつねに民衆をよく導く。大衆はそういう人物に従え！」とも叫んだ。聴衆は惜しみなく拍手を送り、ロマーニャ地方で彼の名声は上がるばかりであった。一九一〇年一〇月のミラノでの社会党大会には、そのムッソリーニも代議員の一人に選ばれて所信を述べたが、全国舞台ではまだ〝新参者〟でしかなかった。

翌一一年、ジョリッティ政権は国内の貧窮した農民や失業者を入植させる意図もあって、北アフリカのオスマン帝国領リビア征服を企てて派兵した。リビア戦争である。ムッソリーニはこれに反対し、「一兵も送るな！」とフォルリ市民に叫び、兵員輸送の鉄道線路をつるはしではがしたり、電信線を切断したりした。だが戒厳令が敷かれて、ムッソリーニら数十人の左翼分子は逮捕投獄された。その仲間の一人に、のちにムッソリーニと敵対関係となり、第二次大戦後に社会党書記長、副首相・外相ともなったピエトロ＝ネンニ（一八九一～一九八〇）もいた。

この反戦裁判の時、ムッソリーニは法廷で「私が無罪であれば、恥である。有罪であってこそ、私は名誉である」と胸を張った。そして政治犯として五ヵ月の懲役刑に服して出獄すると、二七歳の若さながら左派の政界の若手ホープとして中央でも嘱望《しょくぼう》されるようになった。これを機に、彼の人生には一挙に大きな舞台が広がってくる。

II　政治家としての登場

政治家への大きな夢

社会党大会での派手なデビュー

一九一一年七月、ロマーニャ地方のレッジョ－エミーリア市で社会党大会が開かれた。ムッソリーニは当然、地元州代表の一人となった。この大会が彼の大きな飛躍台になることを知っていただけに、十分に作戦を練って臨んだ。まず出獄したばかりといった風情の粗末な衣服で出席した。反戦で投獄された闘士であることを示すためであった。次が演説の標的としてリビア戦争を容認した党内の政府への妥協派攻撃である。党内の青年層はこの妥協派の有力国会議員レオニーダ＝ビソラーティを槍玉にあげていたため、ムッソリーニはこの議員を党から追放することを狙った。たまたま国王暗殺未遂事件があって、ビソラーティが国王を慰問していた事実をムッソリーニはつかんでいた。彼は演壇に立つといきなり糾弾した。

「ビソラーティ、君は工事現場などで事故死した人夫の葬儀に出たことがあるか！　国王にとって暗殺計画などはいつもつきまとっていることなんだ！　別に騒ぐことではないのだ！」

大会の陳腐な演説が続いた後でのこのムッソリーニ発言は会場の空気を引っくり返した。代議員の多数は、この新人が大会をリードしつつあると感じとった。果たしてビソラーティら政府への妥協派は除名処分と決まり、彼らはのちに改良社会党を創設することになるが、野党第一党内に新風を吹き込んだ気鋭のムッソリーニは翌年一二月、党全国機関紙「アヴァンティ!」編集長に任命される。「ロッターディーークラッセ」という党の一地方機関紙編集長から全党機関紙編集長へと一挙にイタリア政界の第一線に躍り出たことになる。二九歳であった。当時としては世論指導の決定的な力を握ったことに等しかった。

ムッソリーニは意気軒昂《けんこう》で編集所のあるミラノ入りすると、それまで各地で勉強したジャーナリストとしての感覚を駆使して全ページを自ら手がけ、レイアウトから見出しまでを作った。彼の論調が隅々にまで感じ取れる新聞となったことはいうまでもない。それほど彼は情熱を込めたということだが、彼の力点はこの「アヴァンティ!」を大衆のための紙面にすることにあった。分かり易く、やさしい表現で部数を伸ばすことを心掛けた。論調は社会党の左派に基礎を置いた。当然それは反政府的であった。「南イタリアはまるで北アフリカと同じではないか。学校も郵便局も少ない。不満な民衆が反政府デモを行うのは当然である。警察がこれを弾圧するなどもってのほかである」といった調子である。ムッソリーニによって、当初の発行部数三万はやがて一〇万へと急増した。イタリア最大の新聞が部数約二〇万部の「コリエーレーデッラーセーラ」紙であったから、それに次ぐクラスの部数になったわけである。得意絶頂の彼は、翌一九一三年一〇月の総選挙に社会党から打って出た。だが期待に反して落選の憂目をみた。

総選挙での落選と第一次世界大戦の勃発

その時の彼の選挙戦法は、おりからリビア戦争中とあって、自分の信念に正直に反軍国主義キャンペーンに終始した。それが誤算であった。他の社会党員は多くが当選し、また穏健進歩派のカトリック勢力が議席を増したが、ムッソリーニには自らの過激さがたたったのである。この総選挙前後、イタリア統一五〇周年記念祝賀が行われ、リビア戦争がイタリアに有利に展開し、植民地化に成功したことも重なって、民族主義、国家主義の気運が生まれつつあるという潮流の変化が進行していた。

実は周辺諸国でも同じ風が吹いていた。イタリアがリビアの植民地化に成功したため、リビアの宗主国オスマン帝国の勢威が急落し、それに乗じてバルカン半島の諸民族の間にも民族主義が湧き起こり、バルカンを支配するもう一つの雄オーストリアとの関係悪化をも生んだのである。

ムッソリーニ落選の総選挙は、選挙法改正で初の普選で行われ、有権者は前回の三五〇万人から八〇〇万人に増えていた。〝風の動き〟に敏感だったはずのムッソリーニは、過剰な自惚《うぬぼ》れのために失敗した自らの甘さをいまさらながら思い知らされた。実はこの失敗で、彼の政治信念は大きく揺いだようだ。二九歳という一人前の年齢も手伝って、真剣に自分の前途を考えた。父アレッサンドロが五七歳で死去するという不幸も重なっていた。

翌年六月、中部のアンコーナを中心にリビア戦争での反戦二兵士が処刑されたのに抗議する左翼による反軍国主義のデモが起こった。これは社会党のゼネストにより、いわゆる「赤色週間」と呼ばれる大暴動に発展し、政府を震撼《しんかん》させた。だが軍隊が出動して一週間ののち鎮圧された。その混乱のさなかに第一次世界大戦が勃発する。同じその六月末、ボスニア訪問中のオーストリア皇太子夫妻がセルビアの若い民族主義者に暗殺され、オーストリアはセルビアに宣戦し、他の諸国も巻き込んだのである。これにどう対処すべきか？　イタリアにとっても、また社会党機関紙編集長のムッソリーニにとっても厳しく決断を迫るものであった。

中立から参戦へ

イタリアは当時一八八二年から一九一五年までのドイツ、オーストリアとの三国同盟下にあった。しかし、オーストリアとの間には、イタリア人の多数居住するトレンティーノ、トリエステ地方などの未回収地域問題を抱え、その回復運動が年々高まっていたことは既述の通りである。それだけにイタリア政府は当初、中立を宣言した。カトリックの総本山ヴァチカンや社会党も中立を要望し、国民多数もこれを支持したからである。しかし間もなく未回収地域問題がクローズアップされて、世論を二分することになる。カトリック勢力・社会党・ジョリッティ派自由主義者の中立派と右派自由主義者・一部社会党など未回収地域をこの際に奪回しようとする参戦派である。政府はその年の春、辞任したジョリッティを継いで自由党右派のサランドラ政府となっていた。その政府部内も時とともに参戦派が優勢に転ずる。

そうした国内変化の中で、ムッソリーニはやはり中立を維持すべきだと考えた。党幹部としてだけでなく反戦、反軍という従来からの考えからでもあった。「アヴァンティ！」紙上では、「戦争はブルジョワの闘いである。プロレタリアは反戦に立ち上がれ！」と訴えた。三年前のリビア戦争当時、「一兵たりとも送るな！」と鉄道を破壊した時と同じ言葉を紙面にたたきつけた。だが社会党の一部や国民世論の間で、未回収地域を奪回する好機としてこの大戦をとらえ、参戦を主張するグループが民族主義者らと手を結んだのを見たムッソリーニは、こんどはかつてトレンティーノで知遇を得たチェーザレ＝バッティスティの「未回収地を回復せよ」との主張が甦り、「アヴァンティ！」紙上に掲載した。それでなくとも、彼の中立主義を「弱気」とか「卑怯」と批判する党員もいただけに、総選挙落選の反省や教訓で心が揺れ動いていたとはいえ、その転向ぶりは党内外からの非難の的となった。

特にドイツ軍がフランスのマルヌで最初の大敗北を喫した時点から、彼はなんと、「イタリアは戦争などなしうる状態ではない」としつつも、「ただし情況によっては参戦も許されよう」という二股膏薬《ふたまたこうやく》の見解を書いたのである。もともと、彼は反戦中立こそ社会主義の道だといっていた。しかもまた「血の中でこそ革命は達成される」とも公言していた。時と場合によってこのように使い分ける彼の矛盾した場当たり的言動が、世界大戦の勃発というイタリアの運命にかかわる瞬間に自《じ》家撞着《かどうちゃく》をさらけ出したのであった。その秋一〇月一八日、こんどは次の内容の記事を全く独断で書いた。

「我々はいかにあるべきか？　人間としてか。それともこの壮大なドラマを眺める生命なき観客の社会主義者としてか。」

Il Popolo d'Italia
LA BATTAGLIA A OCCIDENTE DELLA VISTOLA
Vasta manovra in pieno sviluppo
per tagliare la ritirata alle armate polacche
Prime avvisaglie
tra posti avanzati
sulla Mosella e sul Reno
In volo sui campi della lotta

「イルーポポローディターリア」紙

編集長罷免と除名

ムッソリーニはこれを書いた時、それまでの社会主義者としての態度を放棄したに等しかった。党内外から「政治家としての信念に欠ける」とか「情勢分析が無茶過ぎる」とかの入り乱れた非難が噴出した。この一片の記事によって、ベニート＝ムッソリーニの命運はさらに大きく急転回する。

二日後、社会党幹部会が急遽開かれ、ムッソリーニは編集長を罷免された。一ヵ月後に彼は「イルーポポローディターリア（イタリア人民）」という新聞を自ら発行する。参戦主義者に変質したムッソリーニのために、連合諸国とイタリアの工業界、財界など参戦による利益を期待する方面からの資金援助があったといわれる。

「剣を持つものはパンを持つ」のスローガンが印刷された新しい社会党機関紙と称して新聞スタンドに並べられたこの「イルーポポローディターリア」創刊号を見た社会党の面々は激怒、こんどはムッソリーニを党からの除名処分にした。ムッソリーニも列席したその会議では、多くの幹部が彼を「裏切り者！」「ユダ！」などとののしったが、ムッソリーニは「君らが俺をにくむのは、実は俺を愛しているからなんだ。君らはいずれ、きっと後悔するだろうよ」と言って席を立ったのだった。

彼がなぜ、そしてどうして参戦派に転向——右旋回したのか？　これは興味ある問題で、ムッソリーニとファシズム研究の上でも長年論議の的となってきた一つである。だが「これだ」という有力な決め手はまだない。すべて推論だけである。ムッソリーニ自身、その点については彼の著書にも特に触れていない。公言出来ないその内心にこそ鍵があるのかも知れないといわれる。

新組織「革命行動ファッシ」の結成

社会党を除名された彼は、次の作戦を幾日も考えた。結論は参戦派の社会党員らを糾合して旗揚げすることであった。直ちにミラノやローマの街頭に立って演説をぶち続けた。

「イタリアが加わるこの戦争は、公正と正義のためである！」「中立では解決しない。激動する歴史を動かすのは我々の血でなくてなんであろうか！」「この戦争に勝って、イタリア人の土地を初めてイタリアの土地に取り戻すことが出来るのだ！」

こうした参戦論は、多くの国民や青少年らの熱情をかき立て、統一の英雄ガリバルディやマッツィーニを国民各層の胸に再生させた。連合国側に加わって参戦することによって、イタリアが大国の地位を確立するという希望も湧き起こった。翌一五年一月二五日、ムッソリーニはミラノで参戦派の社会党員を中心に会合し、政治団体「革命行動ファッシ（Fasci D'azione Rivoluzionaria）」を結成した。こうした初めて二〇世紀の新政治思潮「ファシズム」の最初の核というべき新政治組織が誕生したのである。

これには政財界、大新聞などが陰に陽に支援し、構成員は間もなく全国で五〇〇〇人ほどに達した。このムッソリーニの新組織の声は大きかった。中産階級出身の大学生、民族主義者、革命的知識人などが中核となっていたからである。

間もなく、連日のように参戦派の街頭デモが開始され、反対派との衝突で死者も出るまでにエスカレートしていった。実は外相ソンニーノはオーストリアと交渉し、未回収地域のイタリア回復を要求していた。大戦勃発後のイタリアの去就が注目されていた情勢を有効に利用しようとしたからである。

三国同盟とロンドン密約

ここで当時の情勢に少し触れておく。イタリアは既述の通りオーストリア、ドイツとの間に一八八二年三国同盟を締結、更新を重ねていた。フランスの脅威から統一イタリアの安全を保障するのが主要な意図だったが、時日とともにその内容は実態にそぐわぬものとなっていた。オーストリアとのイタリア人居住地域の復帰問題のほか、ドイツのビスマルクのゲルマン至上主義に基づくバルカン進出がイタリアを脅かすものとなってくるなど、国民感情は必ずしも同盟条約に好意的ではなかった。そのうえ条約第三条、第六条は、同盟国が被侵略国となった場合のみ参戦の義務があるとされており、大戦がむしろ一方的に同盟国側から開始された以上、イタリアに参戦の責務はなかったという点が重要なポイントであった。

それにくらべフランス・イギリスとの関係は地中海諸国との通商、国防上からも利害が一致し、これとの交戦は逆に不利な結果を招くという認識が一般的であった。このためイタリア政府としては中立は正当でかつ得策だとの判断していたわけである。議会でも下院では約三〇〇人が中立を主張し、参戦派は約六〇人であった。ただし国民大衆の間では戦局がフランス・イギリス側に有利に展開するにつれて、この際オーストリア・ドイツ側ではなくイギリス・フランス側に立って参戦すべきとの世論も高まっていた。この世論形成に公然と一役買ったのが、熱烈な開戦論者である愛国詩人ダンヌンツィオとムッソリーニであった。

そうした動向を見ていた外相ソンニーノはついで三月、ロンドンで連合国側とも秘密に接触していた。イギリス、フランス、ロシアなどがイタリアをなんとか連合国側に引き込もうと躍起になっていたからである。その結果、四月二六日「ロンドン密約」と呼ばれる条約に調印した。この条約は、調印約一ヵ月以内にイタリアが連合国側について参戦することと、トレンティーノ、トリエステ、イストリア半島、およびダルマツィア地方を含むアドリア海の複数の小島をイタリアの要求に応じて割譲し、さらに合法的な植民地も供与することも示唆した内容であった。

これを知っているのは、国王と政府首脳ら一部でしかなかった。ミラノの街ではムッソリーニの新聞が参戦を書き立て、自ら「革命行動ファッシ」のデモ隊を率いて反対する中立派市民と乱闘を演じていた。

「我々は戦争を欲する。国王陛下よ、もしイタリア軍を国境に派兵しないなら、陛下は王冠を失うであろう。」

ムッソリーニは五月一三日、このような脅迫的な言辞まで吐いた。ローマでは議会にデモ隊がなだれ込んで中立派議員を棍棒で殴り、顔にツバを吐きかけるという暴挙にまで及んだ。時のサランドラ首相は五月一四日にいたり内閣の辞表を提出した。だが国王は受理しなかった。これは参戦派のサランドラ支持を意味していた。街頭では「サランドラ万歳！」や「イタリア軍万歳！」が叫ばれた。政府に対オーストリア宣戦布告の権限付与の決議案が、下院で四〇七対七四で可決された。わずか数十日の間に、イタリアは中立から参戦に大きく振り子が揺り動かされた。少数派によって世論はひっくり返されたのだ。

応召と戦傷兵

そして五月二四日、イタリアはついにオーストリアとの交戦状態に入った。参戦派の指導者達は、この月を「光り輝く五月」と称えた。ムッソリーニは九月に召集され、第二ベルサリエーリ（狙撃連隊）の一兵として前線に出た。その陣地は山岳地帯の塹壕《ざんごう》の中であった。彼はオーストリア兵が近くの敵陣から投げてきた手榴弾をわしづかみにすると、爆発直前の一瞬にそれを投げ返した。参戦の旗振りをした「イル-ポポロ-ディターリア」紙の編集長であることも手伝って、この勇気ある兵士は前線でも知名人になった。

伍長に進んだ一七年二月、雪の中で擲弾《てきだん》筒訓練中に突然暴発が起こり、同僚五人が死亡し、彼は全身に四〇ヵ所も破片が刺さる重傷を負った。

ムッソリーニは戦傷兵として八月に帰国すると、ミラノで「ポポロ」紙編集長の仕事を再開した。すでに長男ヴィットーリオも二歳になっており、長女エッダは六歳だった。彼は前線の記念品として執務室に手榴弾を置くことにした。暴徒に備える目的でもあった。その秋、カポレットの敗戦で国内に再び反戦運動が起こり、また三月革命に続く十一月革命でロシアに武装蜂起や暴動が進行、その不穏な影響がイタリアにも及んでいたからである。

彼は傷が治ってからも松葉杖を手離さなかった。その方が人々から尊敬をかち得、演説会でも迫力が違うことを知っていたからだ。一八年夏には郷里で、「兵士諸君、皆さん、もしこの戦争がなかったら、我が国民の尚武の精神は消えたであろう。……生き残って、ここまでたどりついてきた我々兵士は、イタリアを統治する権利を要求する」との演説を行った。ここには一ジャーナリストではなく、一人の政治家としての大きな夢が描かれはじめていることがうかがえる。

参戦から二年半目の一七年秋に「カポレットの敗戦」を記録した戦況だったが、その一年後イタリア軍が大攻勢に転じ、ヴィットーリオ－ヴェネトでの大勝利を博した。この勝利はオーストリア軍を壊滅させただけでなく、積年の支配国ハプスブルク帝国を消滅させることになり、さらにまた背後からドイツ軍の戦意をくじいて連合国側の最終勝利に道を開いた。

国民は戦勝に酔い、ムッソリーニは「ポポロ」紙にこう書いた。

「いまや神の祝福の時である。……イタリアが人類の敵に対して必殺の一撃を加えたことは、他のあらゆる軍隊以上の徹底的勝利である。」（一九一八年一一月二日付）

「ポポロ」紙の部数は一躍六万部となった。当時の新興日刊紙としては全く異例であり、有力紙の仲間入りを果たしたのであった。

ファシストへの道

戦勝に湧くイタリア

一九一八年一一月四日、オーストリア軍首脳は北イタリアのパドヴァでイタリア軍への降伏文書に調印した。イタリア軍最高司令官アルマンド＝ディアス将軍は「世界最強の軍隊を圧服した」と、イタリア国民には忘れ得ぬ歴史的な布告を発し、開戦以来四一ヵ月に及ぶイタリアの戦争は終わった。オーストリアの敗北でドイツも一週間後の一一日パリ郊外で休戦に調印、ここに大戦は連合国側の勝利で終結したのであった。

赤白緑の三色旗はためくイタリア各地では、戦勝祝賀に湧きに湧いた。ムッソリーニのいるミラノでは一〇日、前線から続々帰還する多数の兵士を取り巻いて、幾万もの興奮した市民がパレードの渦を広げた。その中でひときわ目立ったのが、前線で勇名を馳せていた「突撃隊《アルディーティ》」のトラックであった。若い隊員が鈴なりになって、シンボルの短剣を高々とかざし、「イタリア万歳！」と歓声をあげる。市民らが駆け寄って、それらトラックは幾台も身動きもならない。

そうしたトラックの一台に、戦傷兵ムッソリーニもいつの間にか潜《もぐ》り込んでいた。トラックが止まるたびに周りを取りかこむ群衆に向かって彼は叫ぶ。

「諸君！　見よ、我々の三色旗はいまブレンネロ、トリエステ、フィウーメ、ザーラにも翻っている。祖国の領土となったのだ！　戦いに血を流した戦友達は誰よりも偉大である。とりわけ突撃隊や塹壕の兄弟達は、イタリアの勇士であった。彼らを心から称えようではないか！」

聴衆は彼の一語一語に歓声で応えた。この「突撃隊」と「塹壕の勇士」達が、それからのムッソリーニの手足となって、彼を政権へ押し上げる原動力となる。

それはともかく大戦での勝利は、イタリアが統一国家になってからやっと半世紀を経たばかりのことである。実際、政治、経済、民生、軍事、どの面でも整備は不十分のままだった。それだけにイタリアの参戦は初の国家的大試練であった。しかも戦勝の相手は、長年イタリアの統一を妨害し続けた〝天敵〟オーストリアだったのである。イタリアとイタリア人にとっては計り知れない喜びであり、名誉だったのだ。

露呈されたアンバランス

国民の多くは戦勝のあとの平和の訪れで、再びもとの平穏な生活に戻れるものと大きく期待をふくらませた。だが気がついてみれば、戦勝の代償はあまりにも高くついていた。戦死者は約五〇万人、傷ついたものも一〇〇万人を越えた。破壊された家屋一六万三〇〇〇、病院二五五、教会約一〇〇〇にも達し、失った家畜も四五万頭を数えた。それとともに経済も社会も異常なアンバランス状態になっていた。

大戦の結果、敗戦国はもちろん戦勝国といえども経済的大打撃を受けたことはいうまでもないが、とりわけ新興のイタリアにとってそれは痛撃であった。大戦前の一九〇六年以降、イタリアの経済発展は順風満帆の躍進をとげていたのだが、参戦とともに戦時体制に一変して国民経済を窮乏させた。軍需産業だけが発展し、繁栄を謳歌した。従来、農業国だったイタリアは一躍工業国に仲間入りし、その一部は重工業化して資本力は戦前の幾十倍にも増えたのである。反面、極端に圧縮された民需産業は、平和の到来にもかかわらずその回復は一朝一夕には出来かねる状態に落ち込んでいた。

農業も沈滞していた。軍需産業優先で工場労働者は戦場に狩り出されず、代わりに農村青年が銃をとりその多くが戦死したというのが実情であった。

また国家自体の財政が戦争終結後も窮迫のままだった。統一以来の赤字財政は危機に瀕し、民需生産の激減から輸入も大幅超過を重ねていた。このため戦争中からインフレと増税の圧力が国民の上に強くのしかかっていた。

さらにアンバランスを生んだもう一つは、大戦中に工場労働者の地位が急速に高まったことが挙げられる。軍需増産のために終始優遇され、また技術向上に伴ってその社会的条件も大きく改善されていた。傷害保険や医療保護措置が幅広くとられたことを見てもそれは明らかである。このため農村との格差が大きく広がり、都市労働者と農村労働者の間に緊張や反目という現象もひき起こしていた。これは社会的摩擦《まさつ》として無視出来ない要素となっていた。

これらが大戦終結直後におけるイタリアの状況の要約となるが、数ヵ月のうちにこうした事態に追い打ちをかけるように、イタリアを直撃する事態が持ち上がり、それらが複合してイタリア全体が騒然たる空気に包まれることになる。

騒然とする社会情勢

その第一波が失業者群の不穏な動きであった。三〇〇万人にのぼる帰還兵士はその半数が失業者に早変わりした。約二〇万もの大学卒業者は、工場にも農村にも職を見つけることは出来なかった。加えて生活物資の欠乏とインフレはこれら失業者群と労働者層にも不安と動揺をもたらし、工場労働者は賃上げを要求してはストに訴えることになる。そうしたさなか、ロシア革命に触発された左翼分子は組織的に、「プロレタリア独裁！」を唱え、「革命を起こそう」「我々のソヴィエトを作ろう！」などと連呼して街頭デモ・ストライキに乗り出したのであった。

その一方で、失業の憂目をみた旧突撃隊の不満分子達はミラノでまず「突撃隊連合」を結成、賃上げ要求の労組ストを目の敵にして対決するようになった。かつての突撃隊は特に選ばれた勇猛な若い兵士達で、前線では専ら白兵戦で敵兵と闘った経歴を誇る。武器は腰の短剣で、夜間、敵陣に忍び込んで敵兵を刺殺するという果敢な戦法をとって勇名を馳せた。敵の歩哨などは背後から一刺しして黙らせるという命知らずの連中であった。彼らは帰国後、白い髑髏《どくろ》と二本の骸骨を組み合わせたデザインの黒い旗を掲げてスト破りをし、また労組のデモを襲った。自分達が命をかけて戦ったのにいまは失業しているという不満を、贅沢《ぜいたく》な賃上げストを妨害しては溜飲を下げていたのであった。この「突撃隊連合」は、一ヵ月も経たぬうちに全国組織にまでふくれ上がっていった。

これに加えて、第二波として、講和会議の結末がイタリアを悲嘆と落胆に陥れた。オーストリアの敗北で、その領土内の異民族――スロヴェニア、クロアツィア、ボスニア―ヘルツェゴヴィナ、モンテネグロそれにアドリア海に臨むダルマツィア地方――の住民はそれぞれ独立を主張したのだ。イタリアは衝撃をかくし切れなかった。ダルマツィアなど「ロンドン密約」で戦争終結後にイタリアに帰属するはずの地域が含まれていたからである。イタリアにすれば戦勝によりその未回収地域を回復することが至上命令であった。そのためにこそ参戦したのではなかったか。ダルマツィアはイタリア人の多数居住するフィウーメをも含めて経済的、軍事的要衝で、イタリアとしては是非とも確保しておきたい地域であった。ところが「ロンドン密約」に加わっていなかったアメリカのウィルソン大統領は、この密約自体を認めず、民族独立を前面に押し出してきたのである。

このため、かつて参戦に反対した中立主義者が再び全国各地で勢いを盛り返し、「政府は全く無駄な戦争をやった！」「我々の犠牲をどうしてくれる！」などと憤懣《ふんまん》をぶちまけた。これには旧参戦派の一部も加わった。この旧中立派も、また政府も、突撃隊グループの暴力の対象になり、街々では突撃隊、特権階級の労働者、そして旧中立主義者の三どもえの乱闘事件があてどもない混乱を巻き起こしたのである。

こうした混乱で政治、経済も社会も麻痺《まひ》状態に陥ったイタリアは、六月二八日のヴェルサイユ講和条約調印によって打ちのめされた思いであった。トレンティーノやヴェネツィアージューリア、それにトリエステを含むイストリア半島など未回収地域は当然イタリア領となったものの、イタリアが望んでやまなかったフィウーメ港やダルマツィア沿岸地方はやはり除外されたのである。

貧窮状態の中から

こうなると、いったいイタリアは何のために戦争したのかと、あらためて国民各層に疑問が起こったのも自然であった。しかも経済は壊滅状態とあっては、戦勝国とは名ばかりだった。ヴィットーリオ-ヴェネトの大勝が連合国側の勝利に大きく寄与したにもかかわらず、こうした結果になったことはイタリア政府の弱腰と外交の失敗だとして、国民の政府不信は一気に高まった。

イタリアの社会情勢は実際、敗北ドイツ、オーストリアと全く変わらなかった。イギリス、フランス、アメリカなど先進資本主義国と異なり、イタリア、ドイツはともに後発資本主義国家としての途上国であった。イタリアは近代国家として必要なエネルギーの石炭、鉄鉱という二大資源が皆無で、ドイツはアルザス・ロレーヌなど資源地帯をフランスに割譲し、かつ巨額の賠償支払い義務を負わされ、いずれも戦後は零《ゼロ》からの出発を余儀なくされたのである。イタリア、ドイツがこの貧窮状態の中から立ち上がらなければならなかったところに、やがて全体主義のファシズムとナチズムの培養される経済社会的、歴史的温床の一つがあったと見るべきであろう。

さらにまた経済的、社会的不安にロシア革命の共産主義思想が流れ込み、イタリアは革命前夜の様相を見せてきた。保守系のオルランド、ニッティ両内閣もこうした情勢に有効な対処が出来ず、いずれも相ついで倒れた。まさに無政府状態に近かったのである。神父ドン＝ストゥルツォ師（一八七一～一九五九）がカトリック勢力を集めて、新しい保守政党「イタリア人民党（ＰＰＩ）」を創設したのもそうしたさなかのことであった（一九年一月）。

「イタリア戦闘ファッシ」の結成　この時期ムッソリーニは当初、混乱の中で戸惑いながら、世情をじっと観察していた。その限りでは、「ポポロ」紙上ではつねに「イタリアの国土」だけを唱えて、政府の弱体ぶりを批判した。その限りでは、かつての参戦派も中立派もムッソリーニの論調に理解を示したからである。同時に彼は戦後の激変に直面して、自らの政治グループの拡大を考えていた。

一九年三月二一日、ミラノで五四人の仲間と語り合い、彼は「組織を作ろう。前線では勝利をおさめたが、国内でも我々は戦おう」と告げた。仲間には彼がつねに目をかけていた「突撃隊連合」の幹部もいた。なぜ自分達のグループの拡大を考えたのか、彼の言葉でその意図を聞いてみよう。

「その頃の重大な時期に色々のグループが勝手に動いていた。我々としてはイタリアを守るために、私のような戦争に賛成の愛国者による不屈の結束を維持する強力な統一体を作りたかったのだ。」（「自伝」）

その日の会合で「ファッショ＝ミラネーゼ＝ディ＝コンバッティメント（ミラノ戦闘ファッショ）」が創設された。このファッショは既述の一五年にムッソリーニが名づけた参戦派の社会党員グループ「革命行動ファッシ」から採ったものだ。

そして彼は二三日付の自分の新聞で呼びかけた。

「(参加者は)貴族であろうと民主主義者であろうと、進歩派であろうと保守派であろうと、遵法者であろうと非合法主義者であろうとかまわない……」。

つまり来るものは誰でもこばまずの方針であった。

その二三日夜、ミラノのサン=セポルクロ広場に面する産業商業協会の広間には一一九人のさまざまの人物が集合した。未来派芸術家としてすでに世界的に名をなしていたフィリッポ=トムマッソ=マリネッティ（一八七六～一九四四）もその一人だった。顔ぶれは突撃隊員、戦傷軍人、愛国主義者団体、学生など多彩であった。この日の会合はファッシ=イタリアーニ=ディ=コンバッティメント（イタリア戦闘ファッシ）と複数形のファッシを用い、かつ全イタリア的な規模のものとして開かれた。ここに政治運動としてのファシスト全国グループが初めて誕生したことになる。これに加わったファシスト達はのちに、その場所の名を取って「サンセポルクリスタ」と呼ばれ、創始者グループとして次々と要職に就く。

この日の大会では、次の三つを盛り込んだ宣言が打ち出された。ファシズムの最初の憲章ともいえるものであった。

一、戦線から帰国した復員軍人連盟提出の戦死傷者、兵士、旧捕虜など国家への貢献者に対する物心両面の諸要求を強力に支持

一、内外の一切の帝国主義に反対。イタリアはフィウーメとダルマツィアの併合によってのみ、国際的義務を履行する

一、政党の選挙運動はやめる。諸職業の協議会を創設し、それが政治代表を出す

この言葉だけではまだ不明瞭だが、ムッソリーニの意図がどこにあるかがおぼろげながらつかめそうである。だがこのあともしばしば綱領や宣言が相つぎ、明瞭なファシズムの姿が見えるようになるのはまだまだ先のことになる。現にこの大会のあと六月に、彼は「ポポロ」紙上に改めて政策綱領の概要を書き、イタリアは共和制をとるべきであり、上院や貴族の称号および徴兵制を廃止し、国勢調査を行って農民へ土地を分配し、労働組合が工場を管理し、外交は秘密を廃する……などの諸点を明らかにし、社会主義的方針をのぞかせている。

また「戦闘ファッシ」にしても、中核である突撃隊連合が運営の主導権を握るのだが、マリネッティが参加したことで一般からは文化運動とさえ見られた。それを裏付けるように、やがて世界的な音楽指導者アルトゥーロ＝トスカニーニ（一八六七〜一九一七）も加わったほどだった。

暴力による左翼封じ込め

四月一五日、社会党がミラノでゼネストを実施した。新規加入者が増えた「戦闘ファッシ」にとって、これはその力を試す初の機会となった。その朝、市内要所には軍隊が配置され、ストライキのデモが暴徒化するのを警戒していた。果たして約一〇万のスト参加者の一部に「戦闘ファッシ」の一団が襲いかかり、乱闘となった。ファッシ側は棍棒で殴りつけ、短銃を発射する者もいた。デモ隊は退散した。この騒ぎを警備兵達は見て見ぬふりをした。明らかに「戦闘ファッシ」に味方してのことだった。

ダンヌンツィオ

これに気をよくして、突撃隊と学生達は「我々ファシストは、これから次の仕事をやる！」の掛け声と共に、社会党機関紙「アヴァンティ！」事務所に殺到、印刷用活字を外に放り出し、輪転機を取りはずした。記録や書類に火をつけ、建物全体が火焔に包まれた。ムッソリーニは「社会党機関紙事務所で起こったことは、レーニン派にうんざりした兵士や市民による自然発生的な大衆運動のなせるわざである。だが我々としては事件に対する道義的な責任を認めるものである」と語った。これが彼の手法であった。つまりファシストの行為を〝市民の自然発生的〟と規定し、自分の直接責任を回避するのである。こうしてムッソリーニの政治行動は、まず暴力による左翼封じ込めという形で展開した。彼は後に『ファシズムの原理』（一九三二年刊）の冒頭で「ファシズムとは活動（運動）である」と述べているように、まず行動があって理論（思想）はあとから年月をかけて、ムッソリーニやその周辺のファシスト学者、元労働組合幹部らによって作られ、かつ体系づけられたというのが実情であった。

フィウーメ市占領事件

一九一九年夏、ダンヌンツィオによるフィウーメ市占領事件が起こる。イタリア軍少壮将校がフィウーメ進軍を計画し、それがダンヌンツィオ指揮の下に約一〇〇〇人の義勇軍により九月に断行された。フィウーメ在住の数千のイタリア系市民は大歓声で迎えた。ダンヌンツィオ部隊の中核は、かつてムッソリーニもその一員であった「塹壕の勇士」と「突撃隊」であった。ダンヌンツィオは自らフィウーメ地区司令官に就任し、市のファッショにも加わった。イタリア系市民はこの司令官を英雄に祭り上げた。

政府はこの占領が直ちに外交問題となりかねないところから、大いに困惑はしつつも、国民感情の面からは支持せざるを得ないジレンマに立たされた。ムッソリーニはといえば、ダンヌンツィオが自分のお株を奪ってしまったと心中おだやかではなかった。だが、「ポポロ」紙上で国家主義を鼓舞する材料に使いながら支援する態度を示した。そして折あれば、ダンヌンツィオのこの派手で大向こうをうならせた手法を、いつかは自分がやってやろうと心に誓ったのだった。

大戦後最初の総選挙

そうした中、大戦後の民意を知るための総選挙が一一月一六日に行われた。各党とも総力を挙げて選挙戦を戦った。ムッソリーニは三月に結成した「戦闘ファッシ」の事実上の初の全国大会をフィレンツェで開き、政界進出を企図した。だが具体的な政策をアピールするより、突撃隊や若い連中が他党の集会や会合を襲って選挙妨害するという挙に出たに過ぎなかった。立候補者としてムッソリーニはじめマリネッティや音楽指揮者のトスカニーニなどが名を連らね、パレードなどで大いに気勢をあげた。当時、「戦闘ファッシ」の支部は全国で五六を数え、党員は一万七〇〇〇人ほどだったといわれる。派手で目立つ動きはしていたものの、その割には実勢は必ずしも多くはなかった。

総選挙の結果が判明した一六日夜、ムッソリーニは愕然《がくぜん》とした。彼の「戦闘ファッシ」の得票数は地元ミラノですらわずか四八〇〇〇票で、ほかにはほとんどなかった。それに反し社会党は一七万六〇〇〇〇票、人民党は七万四〇〇〇〇票も獲得していた。この総選挙は初の比例代表制で、第一党社会党が全国で一八四万五九三票、人民党一一七万五〇〇〇票で第二党と、全国の六五〇万票中、この二党だけで半数以上を占めたのだった。ムッソリーニは地盤も人気も全くなかったことを絶望的なまでに思い知らされた。

その夜、「ポポロ」紙事務所でムッソリーニは頭をかかえたままだった。社会党はそのミラノで勝利のデモを繰り広げ、政敵ムッソリーニやマリネッティの人形を霊柩車で運び、市内を流れるナヴィリオ運河に投げ込んだ。翌日の「アヴァンティ！」紙には「ムッソリーニらの遺体が運河で見つかった」との記事まで掲載された。怒った突撃隊の連中が社会党の祝賀パレードを襲い、一〇人近い死傷者を出したため、警察はムッソリーニら幹部を逮捕した。だが逮捕とは名ばかりで、丸一日で釈放された。彼の蔭には明らかに政府がいたのだ。

新議会が召集され、国王が到着した際、社会党議員らは一斉に「社会主義万歳！」を叫んだ。このため議場の半数近い保守派、王制派の議員や議場の外にいた保守派民衆が社会党議員に殴りかかるという暴行事件が起こった。まさにイタリアは二分状態であった。

ファシズムの旗揚げ

「革命前夜」の大激動期

一九二〇年から二二年にかけてのイタリアは、歴史書に「革命前夜」と記述される大激動期にあった。総選挙に惨敗したばかりのムッソリーニは一新聞編集長として生きるか、再度政治に打って出るか迷っていた。だが一九二〇年の元日号で前年総選挙後の政局を分析し、「ポポロ」紙上に「我々は船を漕ぎ出そう」の題で社説を書き「戦闘そのものは第二義的でしかない。我々が闘っても果たして勝算はあるのかは覚かないが、実は闘うこと自体に意義があるのだ」と、荒波に漕ぎ出す決意を披歴した。

当時の激動を裏付ける統計数字にもこと欠かない。主な労働争議は一九一九年に一六六三件を数え、二〇年には一八八一件に増える。二一年になると一〇四五件と件数こそ減ったものの、質的には前年以上の規模となった。戦後の物資不足、物価高が労働争議を一層助長したのだが、それは生産活動に不可欠の石炭輸入を見ると一目瞭然である。イタリア統一から二〇年後の一八八一年に輸入総額は二〇〇万トンであったが、大戦前夜の一九一三年には六倍近い一一八〇万トンに達していた。それが大戦終結の一八年には二九〇万トンにまで落ち込み、戦後の二二年になっても九六〇万トンと戦前の水準にも及ばなかったのである。エネルギーとしての石炭はすべて輸入に依存する国だけに、このことは生産活動が異常に沈滞していることと同時に、大量の失業者群の存在を物語るものである。こうした社会不安の中で、労働者の賃上げ要求は年々先鋭化し、失業者群との対立を生んだ。物価指数をみても一九一三年を一〇〇として、一九年六月四五一、同年一二月五七六、二〇年六月七九五、同年一二月八二五と年々はね上がる。大戦前からみて、終結時には四倍以上に、さらにその後一年間に八倍以上にも上がっていたことになる。当然ながら賃上げスト参加者数も月ごとに増加した。一九年一月二万二二八〇人、二月四万一〇三人、三月六万八八二〇人、四月八万七四四九人、五月三〇万九〇二六人となり、同年後半には激増して八七万七〇〇〇人、翌二〇年は前半だけでもその二倍の一七六万九〇〇〇人と驚異的な記録をたどる。

労働争議は当初、北イタリア工業都市に限られていたが、逐次地方に広がり鉄道、電信・電話、鉄鋼、自動車・船舶、さらには約五万の学校教員も全国規模で参加した。ローマやミラノなどではレストランのボーイも数日から数週間にまたがって職場を離れた。はじめは「戦禍と失望だけが国民への報償とは！」と政府への幻滅と抗議のストもあったが、それはすぐに生活防衛ストに変わっていた。

この一連のストを指導したのが、反戦・中立を主張し続けた社会党を中心に、アナーキストや労組中心主義のサンディカリスト、それに共和主義者など左派グループである。特に社会党はロシア革命成功後、「生産手段を社会化することを目標に、社会主義共和国とプロレタリア独裁の樹立」を唱え続けていた。

工場占拠と農地寄こせ運動

ところで一九年、社会党内部には三つの潮流（政策派閥）があって必ずしも足並みは揃っていなかった。革命後のソ連の流れを汲む新たな共産主義派、社会主義の綱領を最大限に盛り込んでそれを貫こうとする最大限綱領派、それに穏健な改良主義者のそれである。改良主義者が党内右派とすれば最大限綱領派は左派であり、さらに極左の共産主義者と色分けされていた。これらにアナーキスト、労働組合至上主義のサンディカリスト、共和主義者らが随時、離合集散する形で結びつき、大衆運動を各自の方向に引っ張って行こうとしたのが、二〇年以降のいわゆる「赤い二年間」と呼ばれる時期となる。その大きなヤマが、一つは二〇年夏の労働者による「工場占拠」であり、もう一つがその前年の一九年八月に始まって延々と続いた零細農業労働者らによる「農地寄こせ運動」であった。

その赤い二年間、争議騒動は全国で絶え間なく、労働者・農民と警官の衝突が相次いでいた。「国王に死を！」と叫ぶデモ隊まで出現した。二〇年八月、天王山ともいわれたミラノでのイタリア金属労働組合とその雇用主連合の賃上げ交渉は決裂した。組合側は直ちにストに入り、これに対し雇用主連合はロックアウトで応じた。その正面衝突のさなかにアルファーロメオ自動車工場が閉鎖され、警官隊が導入された。これを受けて組合側は直ちに各地の工場占拠に乗り出し、それが全土に波及していったのである。

そうしたトリノ諸工場では、労働者自身による「工場評議会」という新組織が生まれ、工場の運営管理を企業主に代わって行った。原料入手、生産、販売から賃金支払いまでも自ら行い、まさにプロレタリア権力の樹立に等しかった。この工場評議会は翌年イタリア共産党を創設する思想家アントニオ＝グラムシ（一八九一～一九三七）らの手で始められたもので、他の諸工場にも広がった。

軍隊と警察がこれら諸工場を取り巻き、労働者も武器を持って対峙《たいじ》するケースもあった。労働組合は武器工場も管理しており、一時は内戦の危機さえはらんだ。その極度の緊張がしばし続いた後、九月に入って時の老練な首相ジョリッティが巧みな強硬態度と柔軟な妥協策で乗り出し、労組の経営参加要求をのむ代わりに工場占拠を解くことで妥協を見たのである。これは政府の勝利であり、長年の争議で疲れ切った労働者側の明らかな敗北となった。

一方の「農地寄こせ運動」は大戦中にも小規模に見られたが、戦後の一九年夏にプーリア、エミーリア、トスカーナ各州で再燃し、北部ポー平野とほぼ全土に拡大した。農地を持たぬ小作人や失業中の日雇農民らが最初は賃上げ要求の形で大地主から農地を強奪したのである。社会党、人民党、時には在郷軍人がそれぞれ先頭に立った。

全国の地主達は全国農業連合を設立して自衛することになるが、社会党の「生産手段（土地）の社会化」スローガンの下に結集した零細農民の数の圧力には無力の場合も少なくなかった。事実、これら農民逮捕に当たった警官が殺害される事件も数件起こった。農林省の翌二〇年の発表によると、全土で七万九〇〇〇エーカーが地主の応諾なしに農民のものとなり（うち三万四〇〇〇エーカーがラツィオ州）、また一七万二〇〇〇エーカーが地主との〝友好〟的合意で農民に渡った。

このため各地の大地主達は強力な自衛策としてそれぞれの地域のラス（Ras）と呼ばれる地方ボ

スに依頼して、農民の暴力には暴力で対抗する手段をとった。ラスとは本来、エチオピアの王侯の呼称だが、イタリアでも使われていた。クレモーナのロベルト＝ファリナッチ、フェッラーラのイタロ＝バルボ、ボローニャの弁護士ディーノ＝グランディなどは大物のラスで、地主らはこれに資金を出しては過激な農民暴動の鎮圧など対抗措置に当たった。時には武器類も与えた。各地の腕っぷしの強い失業者や元兵士などがこれらラスの下に集まった。給料は一般の勤労者の水準をはるかに上回る額だった。このラスによる反農民運動は、のちに「農村ファシズム」といわれるようになる。ムッソリーニの都市ファシズムとは全く無縁のものだったが、やがて彼の巧みな懐柔政策でその配下に入ることになる。

ダンヌンツィオにならって　二〇年半ばはこうした工場争議と農村暴動に加えて大戦の後始末に関わる地域紛争が起こってきた。七月一一日にトリエステで複数のイタリア海軍将校が地元のクロアツィア人によって殺害されると、市の戦闘ファッシが「懲罰遠征」と称してクロアツィア人達へ報復の襲撃を行った。この懲罰遠征とは大戦中の一六年春にオーストリア軍が自国領内のイタリア住民地域に対して行った襲撃のことである。ムッソリーニらはそのお株を奪って、このトリエステでの「懲罰遠征」を思い立ったのだ。以後これを皮切りに戦闘ファッシの戦術として常習的に敢行することになる。

一一月四日にはローマはじめ各地で「世界大戦戦勝一周年記念」式典が厳《おごそ》かに行われた。ローマでの式典には戦闘ファッシの面々も軍隊や国家主義者らとともに参加した。

イタリアに国家主義的な空気がこのようにして徐々に強まっている中で、一一月一二日にはジェノヴァに近い景勝地ラパッロでユーゴスラヴィアとの間で条約が調印された。世にいう「ラパッロ条約」で、これによりイタリアはトリエステを含むイストリア半島全域を領土とし、一方でザーラ市を除くダルマツィア地方を放棄、問題のフィウーメは「自由国際都市」となることに決まった。この決定は未回収地域回復を唱える国家主義者にとって満足のいくものではなかった。だが政府軍は強引にダンヌンツィオのフィウーメ占領に介入し、これを撤退させた。尊敬するライヴァルが引退し、表舞台からいなくなって、ムッソリーニは行動範囲を拡大することになる。

このダルマツィアなどの放棄について、ムッソリーニはことさらこだわらず、「ポポロ」紙上に次のように書いた（一一月一三日付）。

「アドリア海などは単なる湾でしかない。イタリアにとっては、地中海という広大な海、すなわち活力に満ちた大きな伸張をもたらす海があるではないか！」

地中海――。それは多くのイタリア人にとって、まさにイタリアの海でなければならなかった。この時にはっきりと、ムッソリーニの頭にはのちに口ぐせとなる「マーレ・ノストロ（我々の海）」の地中海が大きく広がったのであった。彼の政治的野心の水平線が地中海のように一八〇度開けたのだろう。その彼方にはムッソリーニの夢である「古代ローマの輝かしい栄光よ再び！」の金色の絵巻が去来したのかも知れない。

　しかし現実にはその地中海にイギリスとフランスが大きな権益と勢力を誇示していた。ムッソリーニがその地中海を「我々の海」にするには、やがてこの二大国と衝突することになろう。とすればその時、どこかの国の力を借りなければなるまい。ヨーロッパでは、一九世紀から二〇世紀にかけて合従連衡《がっしょうれんこう》の力の駆け引き外交が花盛りであった。彼の脳裏にはこうして、プロイセン軍国主義に鍛えられた将来の再興ドイツがひらめいたとしても不思議ではなかった。スイスを放浪した若き日にドイツの哲学者ニーチェの「超人」の思想に心酔し、そこに彼は自らの力の源泉を見出していたからだ。ゆくゆくはそのドイツと組んでイギリス、フランスを地中海から手を引かせるという構想が彼の頭をよぎったとしても不思議ではない。

　だが、それはイタリアにとっては「悪魔との握手」といえるものであった。歴史的にドイツは古代から「美《うま》しローマの地」に攻め込んだ〝北の蛮族〟であり、文化的、人間的にもイタリア的性格とは相容れない存在だったからだ。ムッソリーニにはしかし、それは重要ではなかった。彼の言葉によると、地中海を取り巻く世界に無比の繁栄を復活させることが大事だったのである。それがまた彼の夢であった。

「よし、政権を取ろう!」

　ダンヌンツィオにならって、今度は自分が兵を率いてローマを占領すればよかった。これについてムッソリーニはダンヌンツィオに支持と協力を取りつけた形跡がある。

ボローニャ市議会への懲罰遠征

その二〇年秋、ムッソリーニにそう決意させる社会状勢の重要な転回があった。各地で断続的に全土での地方選挙が相次ぎ、その結果は約二年近く荒れ狂ったストや反政府デモに批判的な自由主義諸勢力と愛国団体などの「反ボルシェヴィストーブロック」が全体の過半数を占めた。明らかに風向きが変わったのである。前回総選挙で約三五%得票した社会党は二〇二二の自治体（全体の二四・三%）を制したものの、「反ボルシェヴィストーブロック」は倍の四六九二の自治体（五六・三%）を抑えたのである。これは大方の予想を覆《くつがえ》すものだった。ローマ、トリノ、ナポリ、ヴェネツィアなど大都市で、社会党は軒並み敗北した。しかしさすがにロンバルディア、ロマーニャ、エミーリア各州では根強い支持があることをうかがわせ、中でもボローニャ市は社会党が独占に近い圧勝ぶりを見せた。

一方、過半数を占めた「反ボルシェヴィストーグループ」には、未回収地域回復主義者、国家主義者に混じって各地の戦闘ファッシのメンバーも選ばれたのであった。ムッソリーニは一一月一〇日付の紙面に「国内情勢は日々、改善を見せている」と社説を書いた。民意が〝右〟を向いているのを見逃さなかったのだ。

だが、現にボローニャ市庁舎には赤旗が翻っていた。ムッソリーニは「ポポロ」紙に機会あるごとに革命の脅威を繰り返し、「我々の戦闘ファッシが盾となって防波堤になる」と宣伝に努めていた。

それを実証する事件が一一月二一日にボローニャで起こった。その日、新市会議員が市庁舎に参集、市長と参事会（執行機関）を選ぶことになっていた。議員の大多数が社会党員のため、新市長らは社会党員が選出されるはずである。そこへ突然、五〇〇人ほどの戦闘ファッシが乱入、銃を発射した。議事堂は一瞬のうちに叫喚《きょうかん》が渦を巻く。数分で死者八人、重軽傷者約六〇人を出した。

不思議なことにこの事件後、市議会は政府により解散させられ、代わりにファシスト推薦の監督官が市政の最高責任者となった。ムッソリーニのボローニャ市議会への懲罰遠征は一〇〇%の成功をおさめたことになる。それと全く同じことが間もなく、左翼で占められたフェッラーラでも繰り返された。

首相ジョリッティの思惑

これら一連の動きで、ムッソリーニの基盤は大いに強化された。彼の郷里ロマーニャの大地主達の一部は、「ムッソリーニは救世主」とさえ呼んだ。こうした人々や大企業経営者達が相ついでムッソリーニの戦闘ファッシに巨額の財政支援を与えるようになる。同時にこの戦闘ファッシの支部が各地に増設され、若い隊員が加わっていくのも時間の問題となった。彼らは警察や軍隊の暗黙の支持のもとに、「国を守る」という名目で公然と暴力行為に出ては得意になり、一種の特権とも思い込んだ。ストや農地寄こせ運動をする人達を秩序を乱すものとして取り締まる警察からすれば、これら戦闘ファッシ達は自分達の同僚に等しかった。

もう一つ重要なことは、二〇年頃、首相ジョリッティがムッソリーニの戦闘ファッシ運動を利用しようとしていたことである。このジョリッティという自由主義的政治家は数次にわたり政権を担

ジョリッティ

当した人物である。だが世界大戦の戦中戦後、社会党指導による反戦と労働・農民運動の熾烈《しれつ》化に保守政権の危機をいやというほど感じ、この社会党を弱体化することがイタリアの安泰に寄与すると考えていた。それだけに反戦から参戦に転向し、左翼勢力に対して激しく暴力に訴えるムッソリーニの力を与党に取り込むことは保守政権の安定につながると期待していた。このためジョリッティは密かに総選挙の実施を決意していたのである。与野党のほぼ伯仲した現状を打破するためには、ムッソリーニこそが強力な武器であったのだ。彼が政府から陰に陽に支援を受け、ファッシが容易に武装し得た背景にはこうした事情があった。ジョリッティのこの態度はファシズムの成立を助長した有力な要因として見逃し得ないところである。

ムッソリーニもジョリッティのそうした心底を見抜いており、これを利用して勢力拡大を意図していた。ただ彼が並みの人物でない点は、単に政権の一角に入り込むことを狙っていたのではなく、自らの政権を樹立することを目標にしていたことである。その拠所が、自分を取り巻く数多くの戦闘ファッシの若者、旧軍人、大学生などであった。しかも彼らは、各地で懲罰遠征に実績を挙げていた。

「戦闘ファッシ」の急伸張　その頃の戦闘ファッシの勢力はどうだったか。これについての信頼出来る数字は実はない。当時の内務省統計にも各政治団体等の数字があるが、戦闘ファッシそのものからの報告が必ずしも事実に即したものでないことが今日では明白になっているからである。次の記録を紹介しておこう。

一九一九年一〇月のフィレンツェ全国大会で、「現在一三七支部が全国に設けられ、六二支部が目下設立準備中。現在の総員数は四万人」と発表された。ところが二四年三月九日、ムッソリーニは「一九年末の員数は一万にも達していなかった」と言明した。さらに二九年三月二三日にのちのファシスト党総務局は「一九年一一月末現在、員数は八七〇人だった」と記録している。一体どれが事実なのか。

この最後の党総務局の記録は、員数が少なすぎると考えられるが、これと同時にそれ以降の年次の記録も残されており、それによると二〇年一二月末には員数二万六一五人、二一年末は二四万八九三六人、二二年末二九万九八六七人となっている。このようにおおよそではなく端数をも含めた総務局数字は一応、最も信用が置けるかも知れない。とすれば、一九年から二二年にかけての増え方はやはり目を見張るものがあり、社会党の二一年の段階での一七万八三六人からも、これは妥当な数字と見てよかろう。いずれにしてもこの三年間のファシスト勢力の伸張はただものではなかったというべきである。

その意味では、この二〇年という年はファシズムの創生期、つまり〝旗揚げ〟の年であった。戦闘ファッシというファシスト集団が一つの運動を起こし、ファシストという言葉が生まれ、それが定着しかけた年と規定することが出来る。それにしても戦闘ファッシ勢力が一九年からわずか一、二年のうちに一〇倍以上の伸張を見せたことは一体、何が原因でいかなる理由からだったのか？この点もファシズム理解のポイントとなっている。

III ファシズムへの道

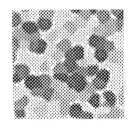

中央政界へ

社会党の分裂とムッソリーニの対応

一九二一年一月リヴォルノ市で開かれた社会党大会が分裂し、最左翼のアントニオ＝グラムシ、パルミーロ＝トリアッティらは新たに共産党を創設した。分裂の原因はロシア革命と、その後のソ連共産党との関係をめぐる党内対立によるものであった。共産党創設に加わったのは、党内の三分の一ほどの戦闘的な共産主義派で、あとの最大限綱領派、改良主義派はそのまま社会党を存続させることになった。

この社会党分裂の事態をジョリッティの自由主義政権は歓迎した。しかしムッソリーニの対応は違っていた。彼はむしろ自らの危機感を肌で感じ取った。――共産党の出現でむしろ社会党は右傾し、いずれ与党化するのではないか。自由主義派政権はそれによって議会の多数を占め、政権が安定に向かうのではないか。そうなればムッソリーニのファシスト勢力は「無用だ！」としてジョリッティからもはじき飛ばされるのではないか。それは社会党の望むところとなってしまう――。これがムッソリーニの懸念であり、その可能性が大きいだけに危機感となったのだ。

それは見事な政治感覚であった。このため彼はそれまで以上に、自らの座標を右に据えて極右的立場から社会党攻撃に乗り出したのである。

彼は「ポポロ」紙上に次のように書いた。
「資本主義は……数世紀にわたって発達してきた大きな価値である。今日、またと得難い価値がある。」（二一年一月一四日付）
かつてアナーキストであり、社会主義者であったムッソリーニは、こうして資本主義体制是認を公言してはばからなかった。この言葉は社会党に先んじて完全に現保守政権側に立ったことを示す〝証文〟でもあった。彼は同時に地主達と協議し、戦闘ファッシ以外の農業労働者を雇用しないようにし、続いて初のファシスト労働組合を二月に創設して組合員への雇用、賃金などで優遇措置をとった。「ファシストに非ざれば人にあらず」の第一歩であった。ジョリッティ政府、大資本家、大地主達はあらためてムッソリーニに敬意と支援を表明した。社会党と共産党は反面、ムッソリーニとファシストに対する一層の敵意をかき立てたのであった。
戦闘ファッシの武装団はその間、〝敵〟への懲罰攻撃を繰り返し続けた。警察や軍隊が提供したトラックに分乗した戦闘ファッシの突撃隊は機関銃、小銃、手榴弾などで共産主義者、社会主義者、共産党や社会党の地方支部、また左翼の農民組合、労働組合を襲撃した。それらと関係のある文化団体、集会所、図書館さえも狙われた。突撃隊はまさに小軍隊であり、攻撃は小さな戦闘に等しかった。ファシストによる拷問も日常茶飯事となった。棍棒で殴打されたり、一人一リットルもの大量のひまし油を飲まされるものもいた。この下剤を飲まされたものは間もなく汚物にまみれることになる。ダンヌンツィオのフィウーメ占領兵が始めた陰湿な拷問の一手段であった。

そうした襲撃で、二〇年から二一年にかけてのわずか二ヵ月間に少なくとも二五〇人が死亡した。うち四〇人だけがファシストであった。社共両党幹部の中には、いつ襲われるのか分からない不安から、姿を消すものも現れた。「ファシストは政府の雇われる暴力団」という張り紙も各地で人目を引いた。その張り紙をした容疑者は捜し出された挙句、木に縛りつけられたまま放置された。

そうした最中の四月三日、ムッソリーニは左翼の本陣ボローニャで演説した。

「……我々は火柱に導かれたこの道を進む。暴力は嘆わしいが、我々をののしり、理解しようともしないもの共へ、我々の理想を心にしみ込ませるため、彼ら分からず屋の頭を棍棒の響きで打ち鳴らさなければならないのである。……」

これがムッソリーニの暴力の論理であった。会場では拍手が鳴りやまなかった。街の空気は変わっていたのだ。政府は警察、裁判所にファシストの暴力を黙認するよう命令したし、鉄道パスもファシストに与えた。ムッソリーニは政府から潤沢な資金援助を受け、重要なことだが軍部からは武器・弾薬の供給も思いのままになった。

国会議員に当選

ジョリッティ首相はムッソリーニを政府与党に取り込むため、このような支援を行ったうえ二一年五月に総選挙を断行した。ジョリッティは、彼らは議会のメンバーになれば暴力は慎むだろうし、正式に合法化することも出来るという楽観的な考えであった。それによりファシスト、人民党はじめ社会党をも含めた広範な「国民連合」を創設し、政府の基盤を圧倒的に強化することを内心期待した。

立候補者名簿の作成に当たって、ファシストは保守主義者や民族・国家主義者らとの政府側共同リスト（ブロック）に加わった。ジョリッティの要請でもあり、ムッソリーニも快諾したからである。これにはムッソリーニの同僚も驚いたが、彼は「保守化こそ真の力なり」と説き、選挙戦でもムッソリーニ以下ファシストは、「我々は新しいイタリアを平和的に、時には暴力ででも建設しなければならない」と、自らの目的を明示し、また外交面で「地中海の覇権を握るのはイタリアだけが可能である」と強調し、そのうえ「帝国主義と拡張主義こそイタリアの道」だとさえ語った。選挙期間中、戦闘ファッシは各地に「懲罰遠征」し、社共両党候補を襲撃した。その結果、一〇〇人以上もの死者を各地で出したのだった。

ムッソリーニの署名

投票結果は下院議席総数五三五名のうち、野党の社会党一二三、共産党一六、人民党一〇七、政府側ブロック二七五、その他一五という内訳であった。社共の左翼勢力は前回総選挙より減少、人民党は七議席増加した。肝心の政府与党ブロックは、ファシストが三五議席、国家主義者が一〇議席獲得して計二七五議席となり過半数を制した。ムッソリーニも同僚のディーノ＝グランディ、ロベルト＝ファリナッチらと共にファシスト指導者として遂に国会議員に選出されたのであった。三八歳であった。

「一七万八〇〇〇票を投じてもらって、トップ当選だった。二年前の総選挙で落選した雪辱《せつじょく》を遂げたのだと思うと嬉しかった。同僚達もみな喜んでくれた。イタリアのあらゆる階層に新しい道徳的空気が息づいていた。当選したファシストは三五人と少なかったものの、イタリアの新たな運命にとってはとてつもない力を代表するものだった。」(『自伝』)

ムッソリーニは後年、その時のことをこう回想している。こうして彼は、ついにローマの中央政界に晴れて登場したのであった。だがそれからの処し方には意表をつくものがあった。

「我々は議員ではなく突撃隊」

六月一一日の議会開院式にムッソリーニらファシスト代議士の一部は故意に出席しなかった。いまは反王制の立場から国王の「開院の辞」を聞く耳を持たぬとしたのだ。これはショック療法的にファシストの存在を誇示するためであった。しかも翌日は、下院の最右翼席にムッソリーニ以下全ファシスト議員が席を占めた。彼が下院当選後に公言した「我々は議員ではなく突撃隊であり、銃殺隊である」を行動で示したものであった。

ムッソリーニはまた、ジョリッティが期待した与党側につくことをこの段階できっぱりと拒否した。このためジョリッティの「国民連合」構想は挫折、新内閣組閣を放棄せざるを得ない羽目に陥った。これを実はムッソリーニは望んでいたのだ。彼は近い将来、自らが議会の多数派を率いる布石としたのだ。

こうしてジョリッティはムッソリーニに裏をかかれた形になるのだが、ファシストの暴力を許したばかりかそれを利用しようとした彼は、後世にイタリアの自由主義を崩壊させる因を作った政治家として歴史に名を留めることになる。

ムッソリーニはしかし、硬軟両様を使い分けて巧みに情勢に対応した。議会での初演説で、「人類の歴史が経済の原則で決定されるという考えには反対である」と社共勢力とは組みしないことを表明したのち、「ローマ帝国とラテンの伝統は今日、ヴァチカンに代表されている」として人民党とその背後にある法王庁への抜け目のない接近ぶりを示した。そのうえ「もし敵（社共勢力）が精神の武装を解くならば、我々も武器を捨てるつもりだ」とも強調した。これには議会で少なからぬ拍手がわいた。「ムッソリーニって意外に穏健な男だ」という評判がにわかに高まった。だが、一方で戦闘ファッシの突撃隊は、相変わらず社共勢力に武装攻撃をかけ続けていた。

ジョリッティの後継首班イヴァノエ＝ボノミは、このファシストの傍若無人ぶりには「議会の合法政党だから」との理由で手をつけなかった。このため遂に労働者側も自衛手段をとり、戦闘ファッシの突撃隊に対応する「人民突撃隊」を編成した。こうして戦闘ファッシと社共勢力は正面切っての武力攻撃を展開することになる。プロレタリアを代表する人民突撃隊は劣勢の武力ながら果敢に各地で応戦した。局地的内戦ともいえる状況さえ現出したのである。

この事態にムッソリーニは一策を案じ、社会党に休戦の打診を試みた。首相ボノミ、上院議長エンリコ＝デ＝ニコラの仲裁で八月に至って双方の「平和協定」が結ばれた。ファシストはこの協定締結により、大政党社会党と堂々と対等の地位を獲得することに成功する。だがこの「休戦協定」に不満のムッソリーニの同僚達は、彼の弱腰をなじり、独自の行動に出るようになった。ファシスト勢力内部でムッソリーニの指導力に挑戦し始めたのだ。実力者の一人イタロ＝バルボは「ファシストにとって突撃隊の行動こそがすべてを決定するのだ」と豪語してはばからなかった。ムッソリーニは一つの危機を迎えた。それに追い打ちをかけるように社会党との協定破りも始まった。

九月に、イタロ＝バルボ指揮の三〇〇〇人以上の戦闘ファッシ部隊がラヴェンナに進撃した。一二日の詩聖ダンテの没後六〇〇年式にダンテの墓廟を詣でるとの口実であった。「火炎部隊」と名付けられたこの突撃隊は全員黒シャツに統一され、整然と進撃した。先頭には「ファッショ」の紋章旗と黒地に白骸骨の突撃隊旗をなびかせていた。まさに「ファシストの軍隊」であった。通過地点の一般人もこの隊旗に脱帽させられた。部隊はラヴェンナに到着すると、社共両党支部、労働組合、その他関連機関を破壊し、放火した。労働者の人民突撃隊も必死に応戦した。この小規模な内戦を契機に、ムッソリーニは全国の戦闘ファッシを糾合した全国ファシスト党創設の構想を描き始める。着想のきっかけは、そうすることで自分の指導権を再確立したいということであった。

黒シャツと「青春」

突撃隊はさきの大戦に勇名を駆せた特殊部隊であり、大戦後にダンヌンツィオのフィウーメ占領に加わったことは前述したが、フィウーメ時代にその約一〇〇〇人の隊員はいずれも黒シャツを着ていた。かつてのガリバルディの千人隊が「赤シャツ」だったのにヒントを得たダンヌンツィオが、自分の私兵を黒シャツで統一したからである。イタロ＝バルボはこれを踏襲して自分の配下を黒シャツに統一し、また隊歌をフィウーメの突撃隊が合唱していた「ジォヴィネッツァ（青春）」としたわけである。

この黒シャツと「青　春《ジオヴィネツツア》」こそは、後日「ファシスト党」結成とともに制服、党歌として制定され、ファシストの象徴として世界に知られることになる。黒シャツの上に着る上着は灰緑色だが、行動中は上着なしだったため、よくファシストの代わりに「黒シャツ（カミーチアーネーラ）」の名で呼ばれた。ムッソリーニはイタロ＝バルボのアイディアを全戦闘ファッシに適用することにより、バルボら年若い仲間の歓心を買い、巧みに地位の保全を図ることが出来たのであった。彼はそこでいよいよ政党結成の意を固める。

その頃、「ファシスト」という呼び名は一般に知れ渡っていたが、「ファシズム」の方はファシストの間では語られていたものの、内容が漠然としていたため一般には通用しなかった。イデオロギーはあいまいで、単に反社共党ではあるが自由主義組織でもないというくらいの理解しかされていなかった。ただ彼らは集会や会合で「青　春《ジオヴィネツツア》」を斉唱し、黒シャツに身を固めた威勢のよい集団という印象を一般に与えていた。しかも武装集団であるところから、脅威として感じられていることは明らかだった。

戦闘ファッシが創設されてからほぼ二年経ち、構成員も大幅に変わっていた。当初の大戦参戦派の面々よりも労働者、大学生、大小の地主やその子弟、商工業者、資本家などで主要部分がふくらんだ。社共勢力との対決第一という戦闘ファッシの姿勢がそうさせたのである。労働者が増えた理由は、農業にせよ工場にせよ、ファシストであれば雇用になにかと有利だったからであり、学生が参加したのも容易に幹部に登用されたからであった。地主やその子弟にしても、加盟は自分の利益に直結したからであり、資本家・経営者も全く同じ視点からであった。

「彼はフルボだ」

ムッソリーニはローマでは国会議員として、ミラノでは「ポポロ」編集人兼発行人として多忙な日々だったが、妻ラケーレに言わせると「夫はいつも精力的でした」という。まだ四〇歳前にもかかわらず、年よりも老《ふ》けて見えた。額が禿げ上がり、頭髪も少なかったからである。中肉中背で肩幅が広く、胸も厚く健康そのものだった。後年、胃を病んで痛みに悩まされることになるが、その頃から早飯食いで知られていた。

いつものことだが、戦闘ファッシの前や公衆の面前に出ると彼独特のポーズをとった。それは胸を張り、アゴを前につき出して両手を腰に当てる姿だ。両足をやや開いてこの姿勢をとると、力強く攻撃的な人物に見えると彼は信じていた。また個人的に写真を撮られる時には、時としてややうつむき、右手を上着の内側に入れる仕草をした。これは思慮深さを示すポーズで、ナポレオン＝ボナパルトからヒントを得たのだとされている。

実はムッソリーニ自身、ナポレオンに憧れていたし、共に中部イタリアの土地の生まれらしく骨相、容貌が似ていることから漫画に描かれる時にはナポレオンと並べられたものだった。そうした漫画が現在も残っている。ただ違うところは、ムッソリーニのぎょろ目だけであった。これは彼の容貌の一特徴であり、漫画ではこの点がよく強調されたものである。

一九一九年三月創設の戦闘ファッシのメンバーは社会的階層もさまざまな人物の寄り合い世帯だったが、ムッソリーニはそれらのメンバーから等しく人気があった。「親身になって人の面倒を見る」「人間味のある男」という評判が絶大であった。もちろん、政敵である左翼政治家や攻撃の的となる労働者の間では、「天敵」のように忌み嫌われた。だがその人達の間にさえ、「彼はフルボだ」との声が多かった。このフルボというのは、日本語でいうと「抜け目なく賢い」という意味であり、「利口な男」という場合もある。青少年時代に貧しさをいやというほど味わったせいか、貧しい人に対しては身銭《みぜに》を切って世話もした。彼自身、のちに首相となってからも、必要以上の給料は辞退するなど私服はこやさず、金銭にかけてはきれいだった逸話も残っている。

彼はまた、どうすれば自分が好かれるかを知っていた人間だった。一対一で話す時には、相手をよく調べ、相手の好むところに話題を合わせた。また大勢の人に呼びかける時には、論理などはわざと無視して、誰もが納得のいくことを口にしては、大衆の心をつかむのだった。それもひと言ひと言が大向こうをうならせるように、短文にして訴えるのである。それらを一冊にまとめた「ムッソリーニ名言集」とも言うべき出版物が今も残っている。そうした一冊から当時のいくつかを次に拾ってみよう（カッコ内数字は発言年）。

・Noi siamo orgogliosi di essere Italiani. Noi intendiamo, anche andando in Siberia, di gridare ad alta voce : “Siamo Italiani”. (1920)

我々はイタリア人であることを誇りに思う。シベリアに届くほどの大声で、我々はイタリア人だと叫ぼう。

・La libertà non è solo un diritto, ma è un dovere. (1922)
自由は権利だけでなく、義務である。

・La lotta è l' origine di tutte le cose, perche la vita è tutta piena di contrasti. (1920)
戦いはすべての根源である。なぜなら生命は矛盾だらけだからだ。

・Chi non sa fare la guerra, molto dificilmente può fare la pace. (1917)
戦争するのを知らぬ者にとって、平和を作るのは至難の業だ。

・La filosofia deve tacere di fronte alle necessità politiche. (1922)
哲学は政治的必要の前では沈黙せねばならない。

その年一〇月、ムッソリーニは次のように語った。
「ある傑出した個人の力の周辺に、若い力の集団を結び付け、これを統合することが必要である。

その傑出した人物は、イタリアの真の利益と合致した彼自身の目的のため、この若い集団を推進力として使うことが出来るものとする。」（『ムッソリーニの時代』）

この傑出した人物とはほかならぬ自分のことであった。彼はいよいよ自分の政党を作ろうと立ち上がる。

「ローマ進軍」へ

ファシスト党の結成

念願のファシスト党結成大会は一九二一年一一月七日、四日間の日程でローマのアウグステオ劇場で開かれた。それに先立つ四日には、大戦の戦勝祝賀式が国家行事として市内の統一記念塔前で盛大かつ厳粛に挙行され、無名戦士の遺体が白亜の記念塔祭壇の下に埋葬された。戦闘ファッシも、イタリア軍将兵らと共にこの式典に臨んだ。

ムッソリーニはアウグステオ劇場の党大会開会演説で「我がファシズムがなかったら、無名戦士達は祖国の祭壇の下で眠ることはなかったであろう」と演説し、満場を感激で包んだ。戦勝祝賀式の愛国的空気を新党結成大会にそっくり引き継ぐ演出をしたのだ。

大会には全国からファシスト代表一万三〇〇〇人ほどが集まり、党名をPartito《パルティート》 Nazionale《ナツィオナーレ》 Fascista《ファシスタ》（P. N. F.　全国ファシスト党。〝国家〟ファシスト党が日本では使われているが、イタリアでのニュアンスは〝全国〟に近い）と決定した。この名称の理念は「国家に奉仕する全国の志願軍団」であり、党員は「秩序」「規律」「服従」の三原則を遵守することを誓った。

組織としては党指導部の下に全国に支部を置き、「指導部の指示には議論の余地なく従う」こととした。同時にこの各支部には「スクアドラ－ディ－コムバッティメント（戦闘突撃隊、スクアドラは行動隊の意だが、同隊の意識は突撃隊に近いので本書はこれを採った）」を置き、指導部の指揮下に入ることが決まった。この突撃隊は従来の戦闘ファッシであり、〝イタリア第二の軍隊〟に等しかった。

大会では当然、ムッソリーニが最高指導者として信任されたが、最重要決定はこの「戦闘突撃隊」の編成であった。ムッソリーニは「国家に奉仕する全国の志願軍団」の最高司令官としてこれを自由に動かすことが出来る唯一人の人物となったのである。言い換えればファシスト党は「軍隊を保有するムッソリーニの政党」ということになる。

大会最終日には正式に党歌となった「青春《ジオヴィネツツア》」の大合唱が劇場外にまで響き渡った。終始、お祭り気分に溢れた大会だったが、ムッソリーニは大会中、政治、経済、社会、労働、文化、宗教など広般にわたり自らの見解を表明し、それまで幾分不明瞭なファシズムなるものの本質を多少明確にし、のちの党政綱の基本を形成することになる。

ファシズム体制の基礎概念

彼がファシズムに関して述べた骨子を次に列記しておく。

一、歴史にはプロレタリアートもブルジョワジーも存在しない。双方とも実は同一の環に過ぎない。労働者、使用者、技術者は唯一の目的である祖国の利益にすべてを従属させることにより、最大限の生産と繁栄を得るための一個の調和した全体を構成している。この観念は階級闘争を

不可避と考えるマルキストの公式とは相容れない

一、単一の規律と単一の信仰の下においてのみ、国家の最高利益のために一切の生産的要素の効果ある協同を得ることが出来る

一、一切の労働争議はファシスト党本部から任命された権限ある人物の主宰する機関により議せられるべきである

ここには当時の社会常識となった階級闘争というものが否定され、代わりに階級協調という新機軸の思想が唱えられている。単なる反社会主義ではなく、のちに「協調組合国家」とも呼ばれるファシズム体制の基礎概念が姿を見せたのである。このため当時、内外から「ムッソリーニは資本主義と社会主義を止揚して新しい協調社会を作ろうとしている」との賛辞が多く寄せられた。

党機構の整備

また今大会を機会に、党機構も整えられた。党組織研究者リッチオッティ＝ラゼーロの最近の調査である《ファシスト党とは何であったか》を参考に次に概略を述べる。

さきの党結成大会で設置が決まり、メンバーも選出されていた党規約委員会、党執行部、党中央委員会は同年一一月中旬にミラノで会合、組織編成を確定した。ここで党書記長にはムッソリーニの長年の友人ミケーレ＝ビアンキが選ばれ、党規約は一二月に公表する旨が明らかにされた。ムッ

ソリーニは「政綱は不断に磨かれ、変わり続ける。それが将来とも我が党の生き続ける方途である」と強調した。ここにはムッソリーニのよくいえば柔軟性、悪くいえば御都合主義が読み取れる。指導機関としては全国評議会、中央委員会、指導部、書記局の四機関があり、その任務は次のようであった。

全国評議会は全国のファッシ業務の統制機関を代表し、中央委員会、中央地方政治書記を含み、半年に一度召集する。中央委員は全国評議会が選出し、任期は半年で三ヵ月ごとに会合し、メンバーは二〇人。指導部は党機能を監視・指導し、全国評議会で選出する一一人と書記局で構成する。月に一度定期会合し、任期は次の評議会まで（自動的に延長も可）。書記局については書記長、政務副書記長二人、総務書記一人からなり、これを職員が補佐する。書記長は指導部と中央委の指名で選出され、その書記長が指導部と中央委の指名により他の書記を選出する。また書記長は指導部と中央委に直属し、指導部、中央委の会合を取り決める。

ムッソリーニは以上のうち全国評議会議長、中央委議長、指導部議長の三つを独占し、このため腹心の書記長ビアンキと二人で党をいかようにも運営出来るようになっていた。

以上四つの指導機関のほか、執行部、ファッシ、専門家グループ、戦闘突撃隊などが下部機関として置かれた。執行部は指導機関の決定事項を文字通り周知執行させる任務を持ち、専門家グループとはメンバーを職業職種によって分類登録し、グループ化して党の機能を多角的に効率よくすることを狙ったものであり、党が各種職能社会の意味も持った。しかし中でも、ファッシと戦闘突撃隊はファシスト党の重要かつ特徴的な部門である。

ファッシは二〇人からなる一ファッショの集合体で、各ファッショは隊旗と隊長、幹部会、書記を置き、党指導部の決定に従う。しかも各ファッショは「国家の最高利益擁護のため、所属機関（指導各機関）の要請により、妨害者の暴力排除を唯一の目的として、戦闘突撃隊を設けなければならない」としている。その戦闘突撃隊については、「全ファッシからなる」と規定されている。つまりファッショに属する各ファシストはすべて同時に戦闘突撃隊員ということになる。ここにおいて、ファシスト党というものが「国家に奉仕する全国の志願軍団」という質的要素を具現することになるわけである。この戦闘突撃隊は五ファッシすなわち一〇〇人を一単位として編成された。五ファッシに足りない地域では、近隣と合わせて編成が行われた。

このほか少年少女隊である前衛隊（アヴァングァルディア）と一〇歳以下の少年少女団（バリッラ）も全国的に結成された。こうした全国を縦と横に貫く毛細管的な武装統制組織が組み上げられたのであった。

また党の労働組合運動として「全国労働協調組合連合」を組織し、社共系の労働総同盟の切り崩し、部分的吸収に成功した。

ゼネストへの攻撃

大戦後の不況が依然、ヨーロッパを覆う二一、二二年、イタリアでも重電のアンサルド、鉄鋼のイルヴァなどの大企業が行き詰り、そのあおりは中小企業にも及び、銀行の取り付け騒ぎまで起こったことがあった。そうした経済混乱は中小の企業をますますファシスト党とその突撃隊依存に駆りたてた。というのはそれら中小企業主の多くは大戦でのにわか成金で、この国の資本主義の根がまだ浅く倫理観が低いところから、必然的に自己防衛のため突撃隊の暴力を大いにあてにしたという次第であった。ファシスト党には、こうした企業からの資金が流れ込み、突撃隊がそれら企業の労働者のストを破り、スト指導者には遠慮なく暴力を加えた。流血の死傷事件は各地で絶え間なかった。

そうした最中の五月一日のメーデーに、社共系の労働総同盟は経済危機の打開を訴えてゼネストに入った。それを口実にファシスト突撃隊は次々と諸都市で実力行使に入った。市庁舎を占拠したケースもあった。攻撃は七月に入っても各地でとどまるところを知らなかった。

これに対し労働総同盟はさらに八月一日を期し、総力を挙げてファシストに対抗するため再度ゼネストに突入した。ファシスト側は次の指示を全土に発して対応した。

「党員とイタリア人へ。反国家的分子がファシストと国家に挑戦しようとしている。全ファシストは総動員された。政府は四八時間以内にその権威の証しを示すべきである。もし無力をさらけ出すならば、ファシズムは国家にとって代わる。」

全ファッシへの訓令は、全突撃隊が各州都を占拠し、全州知事を代行するという激烈なものであった。つまり社共勢力への全面攻撃と同時に、政府にも対決姿勢をとる両面作戦に出たのである。

後で分かったことだが、社共系労働組合で立ち上がったのは実は組合員二二万人のうち六万前後でしかなかった。ゼネストどころか散発的なストが三日続いただけであった。その三日間にファシスト側が制圧したのは北部のアレッサンドリア、ミラノ、トリノ、中部のリミニ、フィレンツェなど三九の大小都市に上り、ファシスト側の攻撃はその後八月一七日まで続いたのである。ゼネストは完全な失敗であった。理由は社共勢力が往年の力を完全に失い、指導力も消え失せていたからである。同時に政府もファシスト党の前に無為無策であった。〝黒シャツの猛威〟はそれほど全土で高まっていたのであった。

「ローマ進軍」構想

ムッソリーニはその頃、北イタリアのウディネ、クレモーナ、ミラノそれに南部のナポリの四都市で演説、党の進むべき道を明らかにし、「ファシズムの最終目標は政権の獲得である」と壮語《そうご》した。彼によると、これらの演説の結果、自分が〝征服者〟だと認められたとして突撃隊中央委員会を開き、政権獲得のため「ローマへの聖なる道」を進むことを決定した。彼は「自由主義の悲しむべき日没が訪れた。我々ファシストにとっては新しいイタリアの夜明けを迎えた」と威勢よく告げた。

こうしていまや、歴史的な「ラーマルチアースーローマ（ローマ進軍）」を迎えることになった。ムッソリーニ以下党首脳は九月末から一〇月にかけて秘密裏に、ローマ進軍構想を練り上げた。その大要は次の諸点である。

一、全土のファシスト突撃隊は進軍開始とともに中枢都市の県庁、警察、停車場、兵営、郵便局、

新聞社、放送局などを占拠する

一、進軍計画はムッソリーニの統率のもとに「国民統治委員会」を編成し、ファシスト四天王（エミリオ＝デ＝ボーノ、チェーザレ＝マリア＝デ＝ヴェッキ、イタロ＝バルボ、ミケーレ＝ビアンキ）とする

一、ウンブリア州都ペルージアに総本陣を置く

以上の大綱のほか行動の細目も練り、ムッソリーニは軍部とも接触してその〝友好的中立〟を取り付けた。決行日は一一月四日の戦勝記念日前にナポリでファシスト党第二回全国大会を開催直後と決定した。

「ローマ進軍」の黒シャツ隊

しかし政府はこのムッソリーニの〝クーデタ計画〟を察知した。その対策としてファシスト党に閣僚ポストを二、三与えて〝牙《きば》〟を抜いては……との意見さえ真剣に討議された。ムッソリーニを抑えることなど思いもよらず、彼の日頃の要求通り総選挙実施も検討したほどであった。だが結局はムッソリーニのファシスト党に対し、なんら為すすべも持たないというのが実情だった。

そのナポリ大会は一〇月二四日、オペラの殿堂サンカルロ劇場で開かれた。各地から約四万人の黒シャツ党員が集結した。会場と周辺は熱気に溢れ、県知事らと雛壇に並んだムッソリーニが開会演説を行い、午後

には大パレードも展開された。黒シャツの勢威をアピールし、お祭りの賑やかさを見せたものである。市民の歓迎ぶりを見てとったムッソリーニは、その夜に四天王らと共に一〇月二八日を「ローマ進軍」開始日と決定した。三年前にダンヌンツィオがフィウーメに進軍したスタイルをそのままねて、遂に政権樹立を目指してローマへ自らの突撃隊を進めることになったのだ。

進軍命令

ムッソリーニは政府の目をくらませるため、ナポリからミラノの自宅に直行した。四天王だけが各地の黒シャツの突撃隊に次の進軍指令を発した。

全国のファシスト諸君へ！　決戦の時は遂に来た！　四年前の反古《ほご》にされた我が国の戦勝を再び我々のものとし、断固ローマに向かって首都に再び勝利の栄光を輝かせよう。統帥《ドゥチェ》の指令により、党の軍事、政治、行政の一切の機能は独裁権を有する四天王執政府により行われる。軍隊はこの戦いに介入すべきではない。……四年もの間、国民に満足な政府も与え得なかった臆病かつ無力な政界に対し我々は軍を進める。我がファシズムは国民に秩序と規律を課し、進歩と繁栄を再生する活力を振るい立たせるのみである。……神よ、戦死者の霊よ！　祖国の安泰と偉大さに貢献しようとする我々のたぎる情熱を見守り給え！

全国のファシスト諸君へ！　古代ローマ人のように、その力を発揚せよ。我々は断じて勝たねばならない。イタリアとファシズム万歳！

この檄《げき》文の中で統帥《ドウチェ》(Duce) という用語が初めて公式に使われた。ラテン語の Dux つまり古代ローマの傭兵隊長の意味から発してのちに指揮官、指導者の意となった。大戦中、ムッソリーニと前線で苦難を共にした仲間フィリッポ＝コッリドーニがムッソリーニに呼びかけの言葉として用い、戦後にコッリドーニがファッショに加わったのちも使用し、これが愛称と尊称を込めてムッソリーニの呼称となったのだという。

その統帥は二八日早朝に開始された各地からの黒シャツ隊のローマ進軍を、ミラノの「ポポロ」紙事務所で固唾《かたず》をのみながら見守っていた。一〇〇〇人とか一〇〇人単位で、北や南の各地からトラック、列車、または徒歩で数万のファシスト達が一路ローマを目指した。

これらファシストは途中で、敬意を表さない市町村の役所を襲撃した。前進を邪魔するものは情容赦なく殴打した。逆に歓迎を込めて食料や葡萄酒など飲料を差し出す人達も少なくはなかった。ペルージアなど中部地方はその日、一〇月特有の豪雨に見舞われ、黒シャツの行軍はずぶ濡れであった。だが彼らの士気は旺盛だった。ローマを目指す隊員は、全土で二万五〇〇〇とも四万ともいわれた。それだけの武装隊員が集合すること自体、異常事態であり、ファシスト党がいまや支配的な力を持っていることの一つの証拠でもあった。

「組閣の大命」

前夜からミラノの「ポポロ」紙事務所前には、バリケードが築かれた。軍隊や警察による万一の攻撃を警戒してのことであった。ムッソリーニは黒シャツを着こ

LA STAMPA

L'incarico telegrafico del Re a Mussolini di comporre il Ministero

Il programma di governo: "lavoro, economia, pace; gli urti devono cessare; politica estera senza tentennamenti nè minacce; fare rispettare lo Stato con le leggi o con le mitragliatrici,, - L'equivoco del conservatorismo spezzato perchè " contro la coscienza della Nazione,,

Intervista con Mussolini alla sua partenza per Roma

Ipotesi e voci

Due giorni di mobilitazione a Genova

La Prefettura occupata dai fascisti

ムッソリーニの組閣を報ずる新聞　1922年10月30日付「ラースタンパ」紙

み、机の上には拳銃や手榴弾を用意していた。その日の午前中、「全土に戒厳令」が発令された。国王と緊急協議したファクタ首相が事態を憂慮して決定したのだった。ムッソリーニはこの第一報を耳にして、顔面蒼白となった。首都ローマの正規軍二万五〇〇〇と突撃隊の正面衝突は避けられぬからだ。ペルージアの本陣でも、「ローマ進軍は失敗か」と誰もが思った。四天王の一人チェーザレ＝デ＝ヴェッキは国王に従うしかないと考え、場合によってはムッソリーニを殺害という事態を想定したという話も残っている。

しかし情勢は急変した。後刻、首相ファクタが戒厳令布告に署名を仰ぐため王宮に参内すると、国王はさきの協議結果を覆して署名を拒否したのである。戒厳令は一転、撤回された。一体、国王の心境にどのような変化があったのか！　国王が「内戦の勃発を恐れた」とか、世界大戦勝利の功績者ディアス元帥、海軍提督ディ＝レヴェル、侍従武官長チッタディーニらからの国王への説得が奏功したなどの説があるが真相はいまも不明である。いずれにしても、ローマ進軍の無血クーデタが成功する道を開くことになる。この展開で戦後、国王ヴィットーリオ＝エマヌエーレ三世はイタリアにファシスト政権を樹立するのを許した責任を問われ、国民投票で共和制樹立の後、亡命を余儀なくされる。

国王は戒厳令を撤回させると同時にあらためてサランドラを後継首班に任命した。サランドラはファシスト党に新内閣の四ポストを提供する意向を示したが、ムッソリーニは言下に拒否した。政権を目前にして、彼は生涯で初めて重大な関頭に立っていることを覚ると、事務所の机に向かって一気呵成《かせい》に、翌日の「ポポロ」紙用に「ファシズムは政権を望む。必ず取ってみせる」という見出しの一文を書いた。

翌二九日、サランドラは国王を訪れてムッソリーニに組閣を要請するよう申し出た。その時刻、ファシスト突撃隊主力はまだローマに達してはいなかった。武装勢力とはいえ正規軍に比べればものの数ではなかった。もし政府がその気になれば、ローマ進軍はその段階で容易に阻止出来る情勢であった。

しかし国王はサランドラの要請を容れてムッソリーニに組閣を委嘱することに決した。二九日午後、侍従武官長チッタディーニからミラノのムッソリーニに「国王が組閣の大命を下だしたい」旨を電話で知らせて来た。彼は「電話連絡は感謝するが、あらためて電報で要請して欲しい」と返事した。ムッソリーニによると、電話では往々にして間違いのもとになるし、奸策《かんさく》に引っかかる恐れがあるからとのことだった。だが実際は時間稼ぎや演技の必要性のためだったようだ。

数時間後、次の至急電報が彼のもとに届いた。

「ミラノ市ムッソリーニ議員殿

国王陛下は貴下に組閣の大命を授ける意向であるため、至急ローマを訪れるよう熱望されている。

チッタディーニ」

彼は早速、ペルージアの本拠などに連絡をとったうえ、「ポポロ・ディターリア」紙号外を発行し、「ムッソリーニ氏に組閣の大命」をミラノ市民に知らせた。同時にファシスト突撃隊が社会党機関紙「アヴァンティ！」事務所など左派系各新聞社を襲撃し、新聞発行を不可能にさせた。ムッソリーニの首相就任妨害を恐れたためであった。このように矢つぎ早に手を打って、その日午後三時ムッソリーニは特別列車でローマに向かった。

ローマにはその頃やっと、ファシストが続々と市内に入り始めていた。ムッソリーニもファシストも、この時を境に〝クーデタ〟側から急転〝体制〟側に入れ替ったのである。

ファシズム時代への突入

政権の座に

翌日ミラノからローマに到着、イタリアの統帥となったムッソリーニを一目見たいと群衆の取り巻く王宮で、ムッソリーニは黒シャツ姿のまま、国王ヴィットーリオ＝エマヌエーレ三世に謁見した。その時、彼は「私はただいま戦場から到着いたしました。失礼なかっこうでお許し下さい」と述べたとのエピソードが残っている。

その日のうちに、彼は新政権の閣僚名簿を発表した。彼自身は首相・内相・外相の三相を兼任し、陸、海相には大戦勝利に貢献した将軍と提督がそれぞれ就任し、残り九ポストはファシスト党三、国民党一、自由党二、民主党二、社民党一の構成であった。彼はミラノに妻子を置き、都心のサヴォイーホテルに居を構えて直ちに執務を開始した。

「余がローマに来たのは単に新内閣組織の義務のためではない。イタリア人の生活を根底から再建する決意のためだ。国民生活をより高く、より輝かしい目標に向かって推進しようと、余は自らに誓った」と、その時のことを後日こう書き留めている。また新内閣についても、「余は独裁政治をやろうと思えば出来た。だがファシスト革命は独特の特徴を持っている。それは史上に先例のないという点である。またそれは確固たる意思をもって、合法的に設定された伝統と形式を取り入れる度量の点でも他の革命とは違っていた。だからファシストの総動員も極く限られた期間にとどめたのだ」(「自伝」)とも明らかにしている。

確かにローマ進軍のファシスト部隊は、一一月一日までにすべて郷里に戻った。新内閣も彼の言う通り「一党独裁」ではない。多くの政治家も大衆もこれでファシストは暴力をやめ、国民内閣を作ったと見た。ムッソリーニについては、評判と異なり穏健な政治家なのだという世評が一挙に生まれた。ローマ進軍を財政的にも支えた実業界は、新政権にさらに肩入れすることになる。労働総同盟など左翼労組までもが迎合的な態度を見せ始めた。「ムッソリーニは挙国一致内閣を作った」とする新聞論調もあったほどである。

ともかくムッソリーニは遂に政権を獲得した。戦闘ファッシを創設した一九年三月以来、このローマ進軍までの三年半をファシズムの創成期とするならば、首相就任はその成立期の始まりということが出来る。事実、彼は首相就任とともに次々とファシズムの法制化を進め、体制構築が目覚ましい勢いで進捗《しんちょく》した。例えばその順風満帆の中で、ファシスト突撃隊を国防義勇軍に改めた。そのうえファシスト党に有利に選挙法を改訂して圧倒的勝利を博し、以下にみるようにファシズム体制確立へ大きな前進を遂げる。

ファシズム大評議会と国防義勇軍の設置　ムッソリーニ政権初の議会は一一月一六日に開かれた。その日、彼は信任投票を前に挑戦的な第一声を放った。

「私に心酔する三〇万人もの武装した若者が、いかなる情況にも応じる万全の態勢をとっている。ファシズムを誹謗《ひぼう》したり、傷つける者どもすべてを懲罰することは容易であるが、いまは自制している。」（『ムッソリーニの時代』）

「私は憲法を廃止しようとは思わない。だがこの議場を我が部隊の仮宿舎に変えることはたやすい。私は議員諸君の手助けは借りない。むしろファシスト革命戦士に頼るものである。」

（“Mussolini”）

その日、ファシスト党議員三五人は黒シャツの制服で登院し、傍聴席にも突撃隊員が数多く姿を見せて議場を威圧していた。果たして信任投票の結果は、上下両院とも信任多数であった。反対は社共両党で、ジョリッティ、サランドラ、オルランド、ボノミ、ファクタら歴代の自由主義派首相までもが信任票を投じた。ニッティは途中で退場した。議会はこうして、事実上の〝クーデタ政権〟に合法性を与えてしまったのである。

ムッソリーニは首相官邸ヴェネツィア宮と外務省に広い執務室を完備した。まずその大仕事の一つが「ファシズム大評議会」の設置と国防義勇軍（MVSN）の創設であった。クリスマスも近い一二月中旬であった。この大評議会は党首脳と閣僚により構成された国家最高諮問機関で、議長はいうまでもなくムッソリーニである。目的は「党と政府の一体化」で、ムッソリーニのもとに政策を一元化、調整することにあった。他党の入閣者もいるためであった。機能としては協議機関でしかないが、これはとりもなおさず、政府そのものをファッショ化することであった。

この大評議会設置と同時に、国防義勇軍の創設を決定した。これはファシスト突撃隊で構成され、正規軍でないため国王への宣誓は必要ではなく、直接、首相ムッソリーニの指揮下に入るものであった。つまりファシスト党の武力集団が「軍」を名乗り、国防軍という公的組織として制服、武器、そして給料も支給されることになる。多くの青年がこれに憧れて〝就職〟した。その結果は、体制強化と反ファシストへの懲罰遠征の激化を生むことにつながった。

国民党の併合と選挙法改正

次に、ムッソリーニ政権はファシスト党主導のいわゆる〝寄り合い世帯〟で、ムッソリーニとしても意のままにならぬ面もあった。政務を進めるにつれて、それが好ましくなくなった。そこでまず考えられた方策の一つが、民族政党「国民党」の併合であった。すでに国民党首脳ルイジ＝フェデルツォーニは内相として入閣していた。従来、共和主義者であったムッソリーニとは、国民党が国家主義的ではあるが王制支持という点で立場が異なっていたものの、ムッソリーニが党のナポリ大会で「王制支持」を表明、転向の姿勢を示していただけに合併にはさして問題はなかった。

このような次第で、両党の合併は二月に容易に成立した。その結果、国民党員も国防義勇軍に編入され、一方ファシスト党のイデオロギーも国家主義的要素を一段と強化することが出来た。これは当時のファシスト党にとって大きなプラスであった。その最大のものは国民党の地盤である人口の多い南部を手に入れたことであった。ファシスト党の勢力はこれで一挙に拡大されたのである。

この合併はまた王室と資本家を一挙にファシスト党寄りにしたばかりでなく、国民党の中核をなしていた貴族階級、中産階級、また多くの法律家、教職者など知識層をファシスト党にとり込むことになる。ひいてはそれが大学生など若い知識人の党加入を一段と刺激した。これら知識人を含む大量編入は党の質的向上に直接的な貢献となった。

だが〝寄り合い世帯〟政権ではいぜん基盤が弱く、ムッソリーニとしては選挙法改正とカトリック勢力を味方に引き入れ、磐石《ばんじゃく》の体制を建てる必要を痛感した。このため五月一日の「メーデー」を廃止し、代わりに四月二一日をカトリックの「クリスマス」にするなどヴァチカンへの融和策をとった。また彼は同僚議員で官房長であるジァコモ＝アチェルボに党に有利な選挙法改正案を起草させた。この新法案は一一月一四日の「ポポロ」紙に発表された。

巧妙な仕組みで、全国一五州の選挙区の投票で全体の二五パーセントを得票した政党ないし合同名簿に下院の三分の二の多数の議席を与え、それ以外の政党には残り三分の一を比例配分するという内容であった。その法案審議に当たり、国防義勇軍の一部が首都に召集され、議員らに暗黙の威圧をかけた。うち数十人は絞首刑用の縄を手にして国会内を歩き回ったものである。

元ファシスト党員だったアルフレード＝ミズーリ議員がその審議の前に殴打された事件は審議の前途を暗示するものであった。彼は五月二九日に下院で、「ファシズム組織の解体と国会機能の正常化」を訴え、選挙法審議の開始前に早くもファシズム批判を公然と唱えていた。その夜ミズーリ議員は三人組に襲われ、瀕死の重傷を負わされたのである。新聞も報復を恐れて、報道を差し控えるという暗い空気も醸成されつつあった。

七月一〇日からの審議は、社共両党からの執拗かつ激しい抵抗があったが、二一日、賛成三〇三、反対四〇で可決された。自由主義諸派の議員達は、総選挙に当たってこれら諸派の得票を合計すればファシスト党を孤立させて勝つことが可能と踏んで下院審議では賛成票を投じるという大きな誤ちを犯したのだ。もし反対票を投じようものなら、ファシスト義勇軍の手でどのような目に会うか分からない恐怖感にさらされていたことも否定出来ない。最後まで抵抗を続け、反対票を投じたのは社共二党だけであった。上院も一一月一三日、わずか一日の審議で可決通過、翌一九二四年四月に新法案による総選挙を実施することに決まった。

野党への選挙妨害

総選挙実施を前に、政府は新聞政令を発し、「間違った報道をした新聞編集責任者には戒告し、これを二回受けたものはその地位を失う」とした。政権に不都合な新聞の取り締まりが目的であり、自由な言論封じ込めの政令第一号となった。その間も国防義勇軍は反政府的な政治家や言論人を襲撃し続けた。その年の暮、元首相ニッティ邸が襲われ、また民主党のアメンドラ下院議員が殴打されて不省に陥った事件などが相次いだ。

翌二四年一月二五日に議会は解散となり、すべてが四月六日の総選挙に向けて動き出した。ムッソリーニ以下ファシスト党首脳は先手を打って、党員のほか約一〇〇人もの著名人を含む合同立候補者名簿を作成した。オルランド、サランドラら保守系の元首相はじめ、芸術家、大学教授、元人民党議員ら同調者を説得したのだ。単一合同名簿のため多数の得票が見込まれた。これに対し、社共両党や人民党はそれぞれの党の独自名簿を作った。これでは名簿作成段階でムッソリーニに軍配が上がったに等しかった。

選挙戦の最中、ファシスト党は同調者の候補とともに一丸となったのに対し、野党各党はばらばらの戦術しかとれなかった。その上さらに、ファシスト側は野党有力者の行動を妨害し、また演説会や集会を邪魔立てした。その先頭に立ったのが国防義勇軍であった。野党系新聞の記者も殴打されたり、検束されたりした。

投票日が近づくにつれ、国防義勇軍は警察官の役割りを演じ、全国各地で野党立候補者を逮捕した。結局、それらの支援者を含めて数百人が留置され、投票も出来なかった。そのうち二五人が死亡したという。逮捕をまぬがれた立候補者も、実際には演説も出来ないよう監視し家の外に一歩も出られなかったほどであった。

四月六日の投票日にいたっては、義勇軍兵士が各投票所を取り巻き、ファシスト市長の都市では、反ファシストに投票用紙を渡さなかったという。特に地方では反ファシストの投票をも禁止し、ファシスト党員がその代わりに投票したり、中には移民した人や死亡した人の分まで投票したという〝前代未聞〟の例まであった。投票結果はファシスト側の大勝に帰した。当選者は与党側共同名簿三七五議席、野党側一八〇議席と出た。前者のうちファシスト党員は二七五人で、野党側内訳は人民党三九人、社会党二四人、共産党一九人、その他であった。

マッテオッティ(中央)

だが注目すべきは政府側合同名簿による得票数が四三〇万五九三六票に対して、野党側名簿の得票合計は約三〇〇万票にまで達したことである。ミラノ市では実に野党側の方が優勢だった。このことは、ファシズムへの抵抗が広範に根強い力を持っていたことを示している。

マッテオッティ事件

そうした抵抗者の中から、自分の生命《いのち》を張ってファシズム勢力の伸張を阻止しようとする下院議員が出た。社会党代議士ジャコモ＝マッテオッティである。彼は新議会開会後の五月三〇日、特に発言を求めて今回の総選挙の無効を宣言するとともに総選挙のやり直しを訴えたのであった。「総選挙は詐欺《さぎ》同然であり、自由投票とは言い難い」と、自ら調べ上げた具体例を提示したのだった。ファシスト党席からは猛然と野次と怒号が浴びせられた。彼はそれをものともせずに、さらに大声で続けた。

「私は政治家として、イタリア国民の神聖な自由の権利を守っているのだ！」

ムッソリーニは蒼白になりながら、首相の席にじっと座ったままであった。

マッテオッティは演説を終えると、ファシスト議員らの罵声を背にして退場、帰途に着きながら同僚議員にささやいた。

「近く僕の葬式があるはずだ。弔辞を書き始めてくれ。」

六月一〇日、果たしてマッテオッティが行方不明となった。その日、下院に向かう途中、ファシスト暴力団の頭目アメリゴ＝ドゥミニという人物とその手下によってテヴェレ川岸で拉致《らち》されたのだった。マッテオッティは車中で殴打されて殺害され、ローマ郊外の森に埋められた。

幸い車で拉致されるところを目撃した人がおり、自動車ナンバーから犯人が割り出された。車の持ち主はムッソリーニの友人の右派新聞の編集長。犯行はファシスト党の暴力団ドゥミニ一味の仕業と判明して関係者全員が逮捕された。彼らと統帥との関係も暴露された。ファシズムの暴力を凝集したようなこの事件で、ムッソリーニもファシスト党も世論の激しい非難の矢面《やおもて》に立たされた。野党議員は一斉にムッソリーニと政府を糾弾し、「コリエレ・デッラ・セラ」や「ラ・スタンパ」など高級紙も社説で怒りを表明した。政権獲得二年目、選挙大勝二ヵ月でムッソリーニはその政治基盤を根底から揺さぶられるに至った。

マッテオッティが誘拐されたテヴェレ川岸には、黒いペンキで十字架が描かれ、毎日そこに花束が供えられた。彼の名は殉教者のようにあがめられた。「死をも恐れぬ若き政治家を称える！」の詩も献じられ、人々に口ずさまれた。

ファシストを非難する野党議員と一部与党議員一二七人（アヴェンティーノ派）は、古代ローマで市民が暴政に抗議してアヴェンティーノの丘に立て籠った故事にならって同じ丘で議会の欠席戦術を決めた。憲法が守られていないことを理由に、ムッソリーニの解任か議会解散に追い込むことを狙って国王が介入することを期待した窮余の策であった。

政府は事件から二ヵ月も経った八月一六日、マッテオッティの遺体が発見されたと発表した。世論も静まったと判断したのだが、葬儀を機に再びファシズム批判とムッソリーニ非難が燃え上がった。野党政治家は「憲法を踏みにじるファシストよ、去れ！」と叫び、「ムッソリーニを逮捕せよ」と主張する者もいた。

ところが大半の穏健な政治家達は、なにごとも合法的に処置せよと言い、ファシズム非難の声は勢いをそがれた。そのうえ国王は「余は議会を尊重する」として、穏健派とムッソリーニ側に立った。不正な選挙で選ばれた議会を尊重するという筋の通らぬ選択をしたのだ。ムッソリーニは国王のこの言葉で〝瀕死の床〟から息を吹き返した。一時は自ら首相辞任を決意したほどだったが、それからはにわかに強気になった。反ファシスト系新聞は全国で押収され、反ファシストは至るところで殴打されたり逮捕されたりした。

ローマ法王庁機関紙「オッセルヴァトーレ・ロマーノ」は、ファシズムが崩壊したら「暗黒の運命に転げ込むかも知れない」との見解を表明した。アヴェンティーノ派以外の良識派も先鋭的な反ファシズム闘争を拒否した。こうして一時はファシズム体制に壊滅的打撃を与えるかに見えたマッテオッティ事件は、逆に反ファシスト達を幻滅に陥れて終わる結果となった。マッテオッティ議員は自分が虐殺されることによって、ファシズムのこれ以上の勢力拡大を阻止しようとしてあの日、議会で挑戦的な演説を行ったのであった。それにもかかわらず、ファシズムは一層暴力的となり、反ファシズムの声は押え込まれ、ファシズム独裁がイタリアを覆うことになる。

しかしジャコモ＝マッテオッティの血と名前は以後、ムッソリーニに消えぬ返り血を浴びせ、反ファシズム闘争のスローガンと化して生き続けることになる。

Ⅳ 統帥として

独裁体制の完成

「民主体制は葬り去られた」　年が明けて一九二五年。前年のマッテオッティ事件で、自分のファシスト党以外の諸政党からほぼ完全に政治的孤立を余儀なくされ、それら他党の存在を認めまいと決意を固めたムッソリーニは休暇明けの一月三日、再開国会で爆弾演説を行って次のような挑戦的言辞を吐いた。

「……ファシストの罪悪が非難されているが、その全責任はこの自分にある。余は政府の責任者として力をもって政府を守るつもりだ。すべては四八時間以内にはっきりするだろう。」

いったいあと二日のうちに何が起こるのか、誰も分からなかった。だが無気味なことに、ムッソリーニはこの演説を終えるに当たって再開予定を告げずに散会したのだった。問題の二日後、全土の国防義勇軍が動員され、約六〇〇ヵ所の家宅捜索ののち一五〇人の有力反ファシストを逮捕した。同時に非合法容疑の組織二五、反ファシスト的な機関や施設約三〇〇余りを即時解散また閉鎖とした。さらにまた各県知事に対しては各新聞への監視、法令の厳守を命じた。

アヴェンティーノ派議員らは、ファシストのあの「ローマ進軍」にも似たこの決起を見て、「立憲政治の擁護と正常化を唱えていたのはやはり仮面だったのだ！」と叫んだ。ファシスト党内でも、その政策に自らの理想を托していた一部党員はいまさらのように驚き、離党の決意を固めるものも出た。

事実、ムッソリーニはそれから二年後に、「イタリアの民主体制はあの二五年一月に、決定的に葬り去られた」と書いているようにファシズム体制強化のため、日一日、弾圧を強化した。三二歳の野心満々のロベルト＝ファリナッチが、反対派弾圧の責任者として後任の党書記長にムッソリーニから任命されたのもその頃であった。このため、撲殺や逮捕を恐れた反ファシスト達の国外脱出が一斉に始まる。アヴェンティーノ派の指導者ジョヴァンニ＝アメンドラ、社会党の論客フィリッポ＝トゥラーティ、戦後に同党の副首相となるピエトロ＝ネンニ、同じく戦後に大統領となるジュゼッペ＝サラガート、共産党の若き理論家ピエロ＝ゴベッティ、同パルミーロ＝トリアッティ、また戦後に首相となる自由主義派フェルッチョ＝パッリら数え切れないほどである。その多くはフランスのパリ、リヨンとその周辺に最終的には七、八〇〇人も集まった。さらに政治犯として南のリパリ、ポンツァなどの孤島に流刑されたものも数百人に上った。

ファシズム体制の確立

ファシズム体制を固める法律は二五年から二六年末までに続々と発効し、名実ともにムッソリーニ独裁国家となるのだが、以下そうした実体を浮彫りにする主な法制類を成立の時系列に従って列記する。

・一九二五年一二月二四日の法律　政府首班（首相）は国王だけに直属し、執行権の全権を与えられる。立法権は首班に従属する（注　これにより議会の法案承認権、信任投票権は廃止され、政府首班は国王の名のもとほぼ独断専行が可能となった）。
・同日　政府の施策を認めず、また履行しない公務員を解雇する権限を政府は持つ（注　公務員は政府の諸施策についての批判を許されなくなった。反政府的公務員はくびに）。
・同年一二月三一日　ジャーナリスト協会設立。会員はファシスト党員ないしはその系列にあるもの（注　反ファシストのジャーナリストを排除するのが目的で、言論の自由は大幅になくなり、いわゆる御用新聞だけが新聞用紙などの優遇措置を受けることになった）。
・一九二六年一月三一日　政府の立法権を拡大。政府首班の発した政令はそのまま法律となる（注　首班の独裁的権限の一層強化）。
・同年二月四日ならびに四月六日　地方自治体の首長の公選制を廃止し、勅令による任命制の自治体首長を置く（注　地方行政の事実上の中央直属がこれで実現）。
・同年四月三日　ファシスト系の工業総連盟、全国協調組合総同盟のそれぞれの代表が合意して、労働の場提供者と労働力提供者の双方が合法的組織として協調を誓約。資本と労働は相互補完の一体的存在となる。従来の労働者による階級闘争、経済闘争の手段であるストライキを否定し、協調組合以外の労働組合は非合法化する（注　事実上、労働組合を資本家に従属させることになる）。

・同年一一月九日　治安維持のため反ファシスト取り締まり強化、市民権の剝奪《はくだつ》、財産没収などを含む罰則強化（注　この法案審議に当たり、議会活動を放棄したアヴェンティーノ派議員一二七人は、国王への誓約違反、反国家行動、職務放棄を理由に議員資格を剝奪された）。
・同年一一月二五日　前項の治安維持法を補完する国家防衛法を制定、反ファシストを裁く特別裁判所設置を決めた。特別裁判所判事は政府首班が任命（注　判事はすべてファシスト党員で、ムッソリーニから任命され、またファシスト党以外のすべての野党は非合法化された）。

治安維持法、国家防衛法制定に伴い、ファシスト秘密警察である「反ファシスト予防検束秘密警察」ともいうべき「オペラーディーヴィジランファーエーレプレシオーネーアンティファシスタ（OVRA）」という機関が設置された。警察訓練学校の優秀なファシストがメンバーとなり、ローマに本部を置いたほか全国六〇〇ヵ所に支部を配置、ファシスト体制に少しでも意義を唱えるものは容赦なく拘束し、特別裁判所に送った。街頭でまた集会などで監視し、疑いのある行動をするものを尋問し、また所持品を調べ、簡単に逮捕した。

特別裁判所は略式法廷で、国防義勇軍幹部や党幹部からなる裁判官により、即決裁判で判決が下だされた。結局、二六年の設置以来、四五年までのファシスト体制下で送検された容疑者は五一三九人に上った。

ムッソリーニの政権掌握四年で、このようにファシズム独裁体制の骨格が完成した。だがそれはファシズムの実体を法制化したに過ぎない。それ以前にすでに多くは実行されていたが、法的な裏付けがなかっただけである。

それまでムッソリーニは、「穏健で人望ある政治家」と「力の政治家」の二つの顔を使い分けて、偶像崇拝にも似たムッソリーニの神格化、つまり個人鑽仰《さんぎよう》を生み出していた。それを加速させたのが二八年一二月九日の法律によるファシズム大評議会の国家最高機関への移行である。それまで党の最高諮問機関であったものを国家最高機関として法制化したことによって、事実上、党そのものが国家に君臨するに等しいものとなった。それは同時に統帥ムッソリーニ個人の文字通り独裁体制の完成を意味するものとなった。

この大評議会は当初、毎月一回（一二日）開かれることになっていたが、彼の独裁が強まるにつれ、この取り決めは有名無実化された。ムッソリーニの決定が党の決定、すなわち国家の政策となったから開催の必要がなくなったのである。ムッソリーニ＝イタリア、イタリア＝ムッソリーニの図式がこうして出来上がっていった。

“Mussolini ha sempre ragione”（ムッソリーニは常に正しい）の言葉が全国のいたるところで、ポスターやペンキ書きで見られるようになる。統帥の言動に誤謬《こびゅう》はないという信仰にも似た空気が国中を覆うのであった。

経済基盤のアンバランス

以上のファシズム形成と成立期の一九二〇年代後半にイタリアの経済や内政がどうであったか。

大戦後の経済の疲弊は二、三年は深刻であったが、ローマ進軍の一九二二年末には回復期に入っていた。産業では順序としてまず農業が、次いで工業が回復に向かい始めた。二四、二五年にはそのテンポも快調になり、生産性はかなり上向いていた。他のヨーロッパ諸国はまだ低迷状態が続いていたにもかかわらずである。ムッソリーニ政権が資本家の支持を得るため、蔵相のアルベルト＝デ＝ステーファニがとった自由経済路線に負うところが大きかった。

しかしその路線は長続きはしなかった。二五年にはインフレを生み、平行して生活費上昇を引き起こす結果となる。それを統計で見ると、大戦前の一九一三年を一〇〇として、二三年の生計費は四九〇、二六年にはさらに六五七とうなぎ上りになっている。また輸入の激増で貿易収支も赤字を記録する。「安定恐慌」という言葉が使われ始め、二六、二七年には農産物輸出の不振で南部農民が特に痛手を受けた。

つまり経済は全般的には大幅復調をみせたものの国際収支の赤字化、リラ貨の低落、農産物（特に穀類）不作などで経済基盤のアンバランスを露呈していた。具体的数字でみると次の通りである。国民所得は一九二一年に九三九億三一〇〇万リラ（一九三八年価格、以下同じ）だったのが、二五年には一一四四億一九〇〇万リラに増大した。失業者数も二一年末に五四万二〇〇〇人だったのが、二五年末には一二万二〇〇〇人へと激減した。こうした復調はムッソリーニ政権の信頼度を高めるものであった。

だが一方で、インフレに伴う購買力低下、リラ安をもたらし、二二年一〇月の対ポンドレートが九〇・四三リラだったのが、二五年には一四四・九二リラへと低落した。このため「ローマ帝国」の再現を夢みるムッソリーニとしては、リラ防衛とその安定こそ急務となり、「イタリアの名誉にかけてリラの安定化をはかる」との歴史的なペサロ演説を行った（二六年八月）。その努力の結果、二七年六月末には八八・〇九リラにまで急速な回復をみたのであった。

しかしそのデフレ政策のため、「安定恐慌」という不況が拡大し、政府としてはいわゆる「協調組合国家」という新しい概念の生産体制を樹立し、さらに二七年四月二一日には労働憲章を制定、ファシズム国家の経済体制の構築に乗り出したのであった。

協調組合法と労働憲章

この二つは一体をなし、その理念である「労使の一体化と協調」という点を詳しく述べると、二七年一月ローマでムッソリーニと会談したイギリス蔵相（当時）ウィンストン＝チャーチルは、「ムッソリーニに体現されたローマの天才は、偉大な立法者である。彼は世界に社会主義を超克する道を示した」と、これを心底から誉め称えた。事実チャーチルはその後も、ムッソリーニを共産主義と闘う二〇世紀の偉大な政治家として期待した人物であり、ムッソリーニもまた第二次大戦末期に自分の身の安全をチャーチルに托そうとしていた。

それはともかく、協調組合法と労働憲章の二つはともにムッソリーニに心酔していたすぐれた法学者アルフレード＝ロッコ（一八七五〜一九三五）の手になるもので、憲章の第一項は「労働は社会的義務である。……すべての生産組織は国家的観点からみた一単位である。その目的は国家の発展にある」とした。これでも分かるように、一切の生産は国家のためであり、その経済活動を調整するのが協調組合国家だと規定したのであった。ここには経済への全面的な政府介入の意志が存在する。すなわち国家が個人に優先し、すべてはファシズム国家の発展の中で実現されるという生産理念である。

麦刈りに参加するムッソリーニ　「穀物戦争」の陣頭に立って小麦増産を指揮した

そうした趣旨の中で注目すべき点が、資本家、労働者を統合した「生産者」のための社会福祉ならびに保障である。保険制度が多面的に拡充され、労災、母子、疾病、障害者など各種保険機関が設けられた。同時に力点が置かれたのが、「生めよ殖やせよ」運動であった。生産力の拡充という将来展望からも人的資源の確保が必要であった。多産家族には補助金や褒賞金などが与えられ、高齢期の未婚者には逆に課税措置がとられた。これら人口増加奨励策と移民抑制によって、以降、出生率と労働者は着実に増加したのだった。

また協調組合国家の制度では、その計画経済の趣旨からも、食糧のアウタルキア（自給自足）が課題であり、特に小麦の増産が至上命題とされた。「小麦戦争」または「穀物戦争」と名づけられた増産運動は二五年七月に開始されたが、それは干拓事業も伴った。耕地面積の拡張のため、ローマ南方のリットリア地方、サバウディア地方（ともに現在のラティーナ地方）の沼沢六万ヘクタールを皮切りにプーリア、トスカーナ、ヴェネトの各州、ポー川沿岸やサルデーニャ島でも干拓と入植が進んだ。その総面積は四〇〇万ヘクタールに達したのであった。小麦戦争の方は増産競争、賞金付与なども行われ、ムッソリーニは農民と共に裸になって麦刈り、脱穀作業に汗を流した。この努力が実り、従来、大量の小麦輸入国だったのが、三三年にはほぼ自給状態にまでこぎつけることが出来た。

こうした生産体制の拡充整備と平行して、道路、橋梁、水路、高速道路、運動場、海水浴場などの公共施設の建設事業にも努めた。首都ローマの古代遺跡の発掘、整備、都市計画、大学都市の建設も進んだ。労働者用の高層アパートも出現した。これらの事業は失業者救済にも貢献し、ムッソリーニ政権の評価を高めるうえで大きく役立った。

外相として

一方、外交も総じて順調な歩みを続けた。ムッソリーニとしては新政権が穏健で、諸外国とも協調的であることを印象づけるよう心をくばったためである。それにファシズムの没個性的な規律や統一性などが美化されて喧伝《けんでん》され、周辺諸国や東ヨーロッパにまで黒シャツが流行するなど、ファシズムを好感をもって迎えた国は少なくなかった。この国際環境を利用して、ムッソリーニは外相を兼任しているところから、ブルガリア、アルバニアなどに友好的に接近した。二四年一月には既述のようにユーゴとの間で「フィウーメ問題」を解決してイタリアの領有を実現した勢いで、二月七日にはイギリスと共にヨーロッパの先陣を切ってソ連を承認した。

これは国内で左翼を弾圧しながら、その〝本家〟を認めるとは矛盾した措置だと論議を呼んだ。だが真相はムッソリーニとしては国際舞台に早く躍り出たかったためとの説があった。その年一〇月にはスイスのロカルノでヨーロッパの不可侵条約などの協議のため、ムッソリーニも出席し、国際外交舞台に登場した。

その頃、ドイツではヒトラーが右翼騒動を引き起こしていたが、ナチス党そのものはまだ全く弱体であった。だがムッソリーニのファシスト党がこのドイツの極右の要請に基づいて武器や資金の援助を行っていたことは興味深い。

このムッソリーニ外交の画期的な業績が法王庁との和解、すなわちヴァチカンとのコンコルダート（政教条約）の締結である。イタリアが国家統一のため一八七〇年に法王領のローマを占領して首都と定めて以来、イタリアと法王庁の関係は断絶していた。しかし機が熟して二九年二月一一日、ムッソリーニとヴァチカン国務長官のガスパッリ枢機卿との間でいわゆるラテラーノ条約が調印された。これによりイタリアはヴァチカン市国とローマ法王の主権を承認、またイタリアにおけるカトリック教会での結婚の法的有効性、学校でのカトリック教育などを承認し、かつ巨額の金額を贈ったのであった。カトリック国イタリア国民にとって、この六〇年ぶりの歴史的和解はムッソリーニの権威を一層高めたことはいうまでもない。

そうしたムッソリーニの一党独裁体制強化の空気の中で反ファシストのムッソリーニに対する憎悪は最高頂に達し、統帥暗殺未遂事件が二五年から翌年にかけて相次いで起こった。

暗殺未遂事件と選挙法大改正

公表されただけでも、二五年一一月四日犯人ティート＝ザニボーニによるもの、翌二六年四月七日アイルランド人女性ヴァイオレット＝ギブソンによるもの、同じく九月一一日ジーノ＝ルチェッティ、同じく一〇月三一日アンテオ＝ザンボーニによるものなど四件である。このギブソン夫人事件はローマでの世界外科医師会会議にムッソリーニが挨拶に出席の際に歓迎陣にまぎれて至近距離からピストルを発射し、ムッソリーニの鼻を銃弾がかすめたという間一髪の事件であった。間もなく鼻を包帯で覆った姿を見せた統帥は厳かに声明を発した。

「余が前進したら、後に続け！　余が退いたら、余を殺せ！　余が死んだら、余の仇を討て！」

これは有名な挿話だが、このようなパフォーマンスはムッソリーニの特技であった。

二八年になると、彼は再び選挙法の大改正を行った。その四年前の二四年に、二五パーセントを得票した政党あるいはその連合は、下院の三分の二の議席を得ると改正したばかりで、その後アヴェンティーノ派は全員失権させられていた。現実には三百数十人の与党議員しかいなかった。このため今回の改正では下院議員の定数を四〇〇人とし、ファシズム大評議会が作成した党員のみによる議員候補に対し、有権者が賛成か反対かを表明するものとした。ファシズム体制下の議会で、この改正案は五月一七日に難なく成立したことはいうまでもない。

平行してファシズムの理論武装化も、統帥ムッソリーニと、当時イタリア切っての哲学者でベネット＝クローチェ（一八六六〜一九五三）と並ぶヘーゲル派のジョヴァンニ＝ジェンティーレ（一八七五〜一九四四）、また法学者アルフレード＝ロッコら錚々《そうそう》たる人物も加わって精力的に開始された。

ファシズムの理念と植民地拡大

ファシズムの高揚をはかる目的で、一九二五年三月に、「ファシスト知識人会議」をローマで開催したこともある哲学者ジェンティーレは、ムッソリーニ政権の文相ということもあって、引き続き積極的にファシズムへの賛美を内外に唱えていた。

「ファシズムの原理」

「ファシスト国家こそは、精神的創造物であり、倫理的国家、理想的国家である。」

「イタリア人の国家は、イタリア民族の過去の偉大な指導者に比肩し得る並はずれた才能を持つ一人の英雄を見つめながら前進する。」

「ムッソリーニは、確信に満ちて前進する。神話の栄光に輝き、神から選ばれ、疲れを知らず、誤ることなく、新しい文明の創造のために、神の摂理のままに――。」（『ムッソリーニの時代』）

ヘーゲル派の世界的哲学者による抽象的ではあるが最高の賛辞が、一人の人物ムッソリーニを恭《うやうや》しく包んでいた。二〇年代から三〇年代にかけての統帥は一般国民の多くからは神のように崇《あが》められていた。

「Credere Obbedire Combattere（信ぜよ　従え　戦え）」

こういうスローガンのポスター、標語も全国に張りめぐらされた。「ムッソリーニは絶対である。

信頼して服従し、その命ずるところに向かって断固として戦え」という趣旨である。

ムッソリーニはといえば、党内知識人の頭脳を糾合したうえで自分の理論を展開した「ファシズムの原理」を書き上げていた。それはのちに三六年になって「エンチクロペディア－イタリアーナ（イタリア百科辞典）」全三六巻の第一四冊目に掲載された。長文ではあるが、そのエッセンスを抽出してまとめておく。

「すべての政治的概念と同じく、ファシズムは実行であるとともに、また思想である。一個の理論が内在している活動である。ファシズムは宗教的概念であり、歴史的概念である。その理念は反個人主義であるがゆえに、国家に味方する。国家を離れていかなる個人も団体（政党、組合、階級）もない。国家とは一国民の多数を形成する個人の総数ではない。それゆえファシズムは多数者に基づく民主主義に反対する。ただし民衆が量的でなく質的に考えられたならばファシズムは民主主義の最も純粋な形式である。すなわち国民の中の少数のもの、むしろ唯一人の（指導的）人間の意識と意志が遂行され、その理想がすべてのものの意識と意志の中に遂行されるようになる観念である。その国民は国家によって創造されるのである。国家は歴史的、精神的統一を意識する国民に一つの意志、したがって実際の存在（意義）を与える。要するにファシズムは人間生活の（質的）内容、人間、性格、信仰を改革するものである。」

一九二二年一〇月に政権を担って以来、彼の偉大なイタリアの実現を目指して、自らが国家そのものとなって、イタリアとイタリア人を指導してきた。大戦後の財政を立て直し、行政簡素化を実現し、国内に規律と秩序を再建し、強力なイタリアを世界に押し出そうと努めてきた。それは彼の言葉によると、「潑剌《はつらつ》とした強いイタリア」でなければならなかった。そして国民は全員がムッソリーニに従って、一糸乱れずにそうしたイタリアの実現に協力しなければならなかったのだ。そのための理念、哲学が、前述の「ファシズムの原理」にほかならなかった。

第二次世界大戦の遠因

当時のイタリア王立学士院副院長カルロ＝フォルミキ博士（ローマ大学教授）は一九三九（昭和一四）年に来日し、ファシズムにつき日本人向けに分かり易く解説した際、それは「哲学」であるより「芸術」に近いと、その創造的側面を強調し、ムッソリーニがイタリア全国民を率いて、その安全、力、栄誉を守り、国民の充実した生活を保証していると述べた。したがって「ファシズムは民主主義以上に民主主義的であり、社会主義以上に社会主義的である」との認識を示し、民主主義とか社会主義より次元の高いイデオロギーだとの見解を明らかにした。

また同博士はムッソリーニの呼称である「ドゥチェ」についても、次のような説明を行った。「（ムッソリーニ）首相は内閣の首班として国民生活の一切を指導する。それゆえ首相は政府の首領であるばかりでなく、ドゥチェすなわち指導者と呼ばれる。この名称の代わりに独裁者という名称を用いるものは、外国の反対者およびファシズムの敵だけである。イタリア人はムッソリーニという人物を残酷な暴君的独裁者ではなく、親愛なそして誤まることなき指導者として認めている。イタリアの実状に関する諸外国人の誤解は概してムッソリーニに対するイタリア人の、この無限なる愛情と極まりなき信頼とを知らぬことに根ざすものだ。もしもファシズムの反対者達が、イタリア国民がその指導者に対して心からの献身を感じつつあることを悟るならば、彼らは直ちに、彼らのいわゆる〝悲惨にして虐げられたる〟国民に同情することを中止するであろう。」(『日本とイタリア』)

ファシズム体制下の学士院副院長だけに、ムッソリーニ弁護のこの発言は当然であろう。確かにムッソリーニを心から信頼し、服従し、そして〝新生イタリア〟のため、潑剌として働いている多くのイタリア人がいたことも事実である。しかし同時に、ムッソリーニとファシスト党の一党独裁に反対して、政治犯として逮捕流刑され、またそれを免がれるために外国に政治亡命した多くの人達がいることもまた事実であった。そして特にデモクラシー体制のイギリス・アメリカには、ムッソリーニ治下のイタリア国民を〝悲惨にして虐げられたる〟国民として同情するものもいた。個を優先するデモクラシーと、個を国家の中に包み込むファシズムとは、まさに水と油の関係であり、論理の嚙み合うはずはなかった。この意識の違いがのちの第二次世界大戦の遠因の一つともなるのである。

脱出する人々と外国の反応　一つの興味ある指標がある。ムッソリーニが政権をとって以降、イタリア人の外国への移民数が急激に増えたことである。それはアメリカの移民法（制限法）と相まって、労働力確保のためムッソリーニ政権が移民の流出を食いとめる二六年頃まで続いた。その推移を数字でみると左記の通りである。うち三分の一はフランスで、また全体の半分は南北アメリカ大陸となっている。これらの中には移民を装って外国に脱出した反ファシストもかなりの数に上っていた。

また政治亡命した政治家はフランスのほか、イギリス、スイスそれにアメリカ大陸に広がっていた。これら亡命者がグループ化をはかり、組織的な反ファシズム活動を始めるのは二六年をずっと過ぎてからである。例えばフィレンツェの名門出身で反ファシストのロッセッリ兄弟は、流刑先のリパリ島から闇夜にまぎれて同志が沖合に用意したモーターボートで脱出するという大冒険を演じ、パリで同志と「正義と自由」運動を始めた。この兄弟はのちに暗殺されることになるが、この運動はやがて、既述のマッテオッティの名とともにファシズム打倒の原動力の一つとなる。

年	人
1921	201,291
1922	281,270
1923	389,957
1924	364,370
1925	279,431
1926	272,587
1927	218,937

イタリアの移民数

同様に忘れられない反ファシスト思想家の一人アントニオ＝グラムシは、共産党幹部でもあり、国内に留まっていたところ一斉逮捕の網にかかり懲役二〇年の刑を受けた。孤島ウスティカ島に収容中に持病の結核が悪化し、ローマに移されたのち三七年に亡くなった。獄中で書いた三二冊のノートはイタリア史、近代国家、それに哲学などについての評論集で、戦後『獄中ノート』のタイトルで刊行され、今日もなお高い評価を得ている。ムッソリーニのファシズム政策が強化されるにつれ、対抗的に反ファシズム勢力が育ったわけだが、その関係は〝いたちごっこ〟でエスカレートしていった。

それは諸外国の反応も同じであった。例えばイギリスでは、二〇世紀の文明批評家の一人ハーバード＝G＝ウェルズ（一八六六〜一九四六）がムッソリーニを評して、「彼は真理を恐れる卑怯者である。彼の過去の記録のうえに鮮血のようにしたたっている批判と反対に堪えられずに、この人々（反対者）を殺し、虐待するのはその恐怖からくる当然の結論である」ときめつけている。反対に三三年二月、ロンドンで開かれた反社会主義連盟第二五回大会ではあのウィンストン＝チャーチルが主催者側として、再び「社会主義に対抗して共同する諸国は、英雄的偉人ムッソリーニを先導者とすべきである」と激賞したほどだ。スペイン、ポルトガルにも統帥を英雄視する動きが現れ、それよりさきにもドイツでは若いアドルフ＝ヒトラーが二三年すでに「私はアルプスの南を統治する偉大な人物に敬意を払う」（『ムッソリーニの時代』）と述べていた。

ヒトラーとムッソリーニ　そのヒトラーは実は、ムッソリーニが政権を握る前からのその手法をじっと研究していた。まだひとかけらの極右グループを率い始めた頃である。その彼がムッソリーニの署名入り写真を使者を介して懇望して来たことがあった。だが、ムッソリーニは冷たく無視したという話も残っている。

そのヒトラーは約一〇年後の三三年一月、ついに政権を握った。オーストリア生まれのこの国家主義者はまず、「ドイツ労働者党」に入党、大戦後の混乱期にドイツ民族の優秀性を説いて国粋主義と反ユダヤ主義、さらにはヴェルサイユ体制の打破を主張してリーダーになった。ムッソリーニに私淑し、のちに「国家社会主義ドイツ労働者党」（通称ナチス、そのイデオロギーがナチズム）に改称、当時の保守系政府へのクーデタを謀ったが失敗して投獄される経歴を持つ。しかしヒンデンブルク大統領の無能ぶりや、二九年来の世界恐慌の中で左翼の進出を恐れた大資本の支持を得て、ムッソリーニと似た経過をたどって首相の地位に就いたのであった。

〝後輩〟にも当たるこの右翼政治家に、ムッソリーニは側近を通じてさまざまの助言を与え、ヒトラーもファシスト党やファシズム体制から多くのものを取り入れた。ヒトラーのナチズムは過激で、彼が獄中時代にまとめ、のちに「ナチスの聖典」ともなった『マイン－カンプ（我が闘争）』や彼の言動からすると、大ドイツ国家主義、反ユダヤ主義、反マルクス主義、反民主主義がその根幹をなしていた。

このヒトラーによると、ヨーロッパのアーリアン民族の中でもドイツ民族は絶対的に優秀であり、来たるべき世界はドイツ民族が支配すべきであり、その首都はベルリンであるべきだとした。つまりドイツ民族がヨーロッパ、否、世界を制覇するとの構想を抱いていたのである。当然その背後には、プロイセン軍国主義と領土拡張主義を伴っていた。またドイツ民族を賞揚する政策の一環としてユダヤ人蔑視という手段を用いた。その理由としてヒトラーはユダヤ人を劣性民族だとしているが、実は彼の幼年時代にユダヤ人にいじめられたとか、彼の描いた図画がユダヤ人の作品より劣っていて入賞を逸したとかの出来事が屈折して、のちの反ユダヤ主義に高じたとの説もあるほど、それは狂気じみていたのである。このユダヤ人問題に関しては後年、ムッソリーニは駐ドイツ大使を通じて「人道的立場からより穏健に対処すべき問題」だと忠告したにもかかわらず、ヒトラーは「統帥には信頼をおくが、この一点に限っては譲れない」と自説を終始曲げなかった。

この点やヒトラーが生まれ故郷を含むオーストリアの併合を考えていたことなどは、オーストリアとの関係改善を進めていたムッソリーニにとって我慢ならぬことであった。「あいつはどうかしている。『我が闘争』など部厚いだけで内容は陳腐極まる」と、ムッソリーニはヒトラーを軽蔑しきっていた。その一方で自分が新参者ドイツを巧みに操縦して、ヨーロッパにおける地歩を一層高めようとしていたのも事実であった。三三年六月、イタリアの提唱でローマで調印されたイギリス、フランス、ドイツとの四大国条約がそれを示していた。この条約は「平和を強化させるための団結」を誓ったものであった。

ところがそのヒトラーは半年も経ぬうちに国際連盟を脱退した。ドイツの軍備平等権を認めないのを不満としたためであった〔同年〔昭和八〕三月二七日、日本は国際連盟による満州〔現中国東北部〕撤退勧告を拒否して脱退するという先例を作っていた〕。

最初の会談

ヒトラーは翌三四年、ムッソリーニとの政策協議のため初会談を要請、それは六月一四、一五の両日にヴェネツィアで実現した。ヒトラーはレインコートと背広という平服でやって来た。しかしムッソリーニはことさらにファシストの正装に身を固め、大勢の外国新聞特派員も招き、ヒトラーと共に市民の前にも姿を見せた。「ドゥチェ、ドゥチェ」の歓呼の声をこだまさせ、自分の人気をヒトラーに見せつけようとしたためである。ムッソリーニはまた、この会談でヒトラーに対して高飛車に出た。二日間の会談に通訳も付けなかった。それはまともに話は聴かないという意志表示でもあった。

この両者の初会談でヒトラーは、フランス侵攻計画、オーストリアのナチス化構想などをまくし立てた。ムッソリーニはそれを単に聞きおくとの態度だった。会談後ヒトラーは「両者に見解の相違はない」と発表し、ムッソリーニの方は「特別の会談などというものはなかった。どちらかというと利害不一致だった」と語り、かつ「ヒトラーは道化者だ」とさえこきおろした。

初の両首脳会談が不調気味と知ったヨーロッパ各国はホッと胸をなでおろしたものだった。だが七月末、ヒトラーは自分の計画を強行し、ナチス軍をオーストリアに派遣して首相エンゲルベルト＝ドルフュスを殺害した。ムッソリーニは直ちにイタリア軍約三万をオーストリアとの国境に派兵、ヒトラーを牽制した。この時はドイツのオーストリア制圧は失敗に帰するが、ナチスの征服欲に周辺諸国はあらためて警戒感を深めた。しかもヒトラーは大統領ヒンデンブルク元帥が死去（八月二日）すると、跡を継いでフューラー（総統）の呼称と共に大統領、首相、党首の全権を占めることになった。ムッソリーニをもしのぐ独裁者の地位にのし上がったのである。

エチオピア侵略

一九二九年にアメリカで始まった世界恐慌の波が、ヒトラーとナチズムの急速な伸張を促したことは否定出来ない。銀行破産や株式市場の混乱を引き起こし、国際収支も悪化、失業者が急増した。だがそれを乗り切るため、企業資本家は全体主義イデオロギー推進のナチズムに支援を惜しまなかったからである。三三年当時のドイツの一人当たり実質国民生産は、二九年を一〇〇として九三にまで落ち込んでいた。イギリスは九五・九、イタリアも九五・二であった。

この世界恐慌はイタリアの場合、ドイツに比べれば比較的軽かったがそれでも貿易は三分の一に減り、失業者も一四〇万人に達した。その危機救済の手段としてムッソリーニ政権は三三年一月、産業復興公社（Istituto per la Ricostruzione Industriale ＩＲＩ）を設立した。これは基幹産業の国有化をめざしたもので、今日も性格を変えて存続しイタリア経済の特徴的機構となっている。このＩＲＩが恐慌克服に果たした功績は大きく、ムッソリーニ政権の威信の向上に寄与したものだった。

三〇年代に入ってからは、ファシスト政権の強権で反ファシズム運動はほぼ制圧され、かつムッソリーニが精力を注いだ内外へのファシズム文化宣伝活動は、ファシスト党の毛細管組織的な縦横の機構により、少なくとも国内には深く浸透、統制と効率はかつてないほど高まっていた。それによりムッソリーニ自身のカリスマ性も頂点に達した。その三三年後半、ムッソリーニは首相、外相などのほか陸海空三軍の省を直接統轄することになった。世界恐慌に直面して国力増大、そのための資源確保の必要性から植民地拡大を痛感したことが要因であった。

おりから、三五年一月ローマを訪れたフランス外相ピエール＝ラヴァルとの間で、連携強化の協定が調印された。イタリアとドイツの接近を牽制するフランスの意図でもあった。それも一五年の「ロンドン密約」をイタリアに実行出来なかった代償との名目を付けていた。その協定では、フランス領ソマリランドのジブチからエチオピアの首都アディスアベバまでの鉄道所有権の一部イタリアへの移譲、ドイツのフランス攻撃にはイタリアがフランスを支援、オーストリアの独立支持――などが含まれていた。つづいて三五年、ドイツの再軍備宣言に伴いイタリアのストレーザで、フランス・イギリスとの三国首脳会談を開き、ドイツへの三国共同戦線を声明したが、この一連のフランス・イギリスの宥和的な動きで、ムッソリーニはエチオピアへの全面侵攻を決意する。現実にイタリア領エリトリア地方とエチオピア、またイタリア領ソマリランドとエチオピアの間の境界線の決定をめぐり、エチオピア人によるイタリア人への発砲事件、イタリア領事館襲撃事件も起こっていた。

ムッソリーニが少年時代の一八九六年、当時のクリスピ首相の植民地発展策のためアビシニア(当時のエチオピアの地名)に進出した約五〇〇〇のイタリア軍兵士が戦死した。これは「アドワの屈辱」として、多くのイタリア人の心に澱《おり》のように残る惨事であったが、ムッソリーニはいまこそその復讐を遂げる時だと感じたのだった。

彼はすでに、何事も一人で決めてすべてを実行に移していたように、三五年二月、宣戦布告なしに大量の陸軍部隊を東アフリカを目指して派遣した。独断専行の大きな賭けであった。こうしてファシズムはついに一〇年にもわたる長い戦争の時代に突入していく。それからというもの、イタリアは戦時という異常事態に忙殺されることになる。

ヒトラーとの提携

ヨーロッパ情勢の激変

ムッソリーニがエチオピアに侵攻（三五年一〇月）を開始した前後のヨーロッパには、それまでの情勢を激変させる重要な新局面が相次いで展開していた。まず三月、ヒトラーのドイツがヴェルサイユ条約の軍備制限条項の廃棄と再軍備を宣言した。世界の共産主義勢力の指導機関であるコミンテルン（共産主義インターナショナル）は、ファシズムに続くこのナチズムという二つの全体主義勢力の膨張という新事態に直面して、七月モスクワで第七回大会を開いた。ここでは、従来の極左革命戦術を転換して、穏健な社会民主主義勢力や中道民主主義政党とも提携した広範な反ナチ－ファシズム勢力の「人民戦線」による抵抗という戦術を提唱した。

それを受けて、世界恐慌に伴う経済不況から政治的動揺を招いていた後進のスペインでは、共和勢力が伸張して国王の亡命に発展、三六年二月には人民戦線政府が誕生した。次いでフランスでも、社会、共産、急進社会各党が協定して人民戦線を結成、六月の総選挙で大勝して同じように人民戦線内閣を樹立した。

その間にも、ヒトラーは前年五月の仏ソ相互援助条約を理由に、ヴェルサイユ条約で非武装化されたフランスと国境を接する戦略地帯ラインラントに進駐（三月）、再度各国を動転させていた。ヨーロッパの天地は全体主義と民主主義の鋭く対立する方向へと急速に変貌していったのである。

エチオピア併合

イギリス、フランスの植民地拡大策に遅れはしたものの、北東アフリカにおけるイタリアの植民地はそれでも一九世紀末以来、エリトリア、ソマリランド、リビアなどに広がっていた。このうちエリトリアとソマリランドに挟まれた独立国エチオピアとは一九世紀末に戦火を交えたこともあり、境界を接しているだけにその後も紛争は思い出したように起こっていたことは前述の通りである。

そのエチオピアに侵攻したムッソリーニにとって、ヒトラー―ドイツが傍若無人《ぼうじやくぶじん》に振る舞っていることは極めて心強かった。片やヒトラーにとっても、ムッソリーニのエチオピア侵攻はナチスの行動を黙認させる意味も持ち、両者は暗黙のうちに利害の一致する結果になった。

ムッソリーニは正規軍の代わりに、ファシストの力を誇示して国防義勇軍をエチオピアに派遣した。娘婿のガレアッツォ＝チアーノも爆撃機隊を率いて参加した。それよりさき、イタリアの侵略を国際連盟に提訴していたエチオピア皇帝ハイレ＝セラシェはすでに九月、全土に動員令を下だしていた。イタリア軍は空と地上から攻撃を加えた。イタリアの近代兵器と一部での毒ガス戦術で、エチオピアの婦女子ら非戦闘員が殺され、皇帝はそれを世界に向けて非難した。しかし一〇月にアドワは陥落、イタリアは五〇年前の雪辱を遂げて喜びに湧いたのである。

国際連盟は一一月に入り、イギリス・フランスの提唱でイタリアへの「経済制裁」を決議した。ムッソリーニはこれを無視し、「この戦争は〝持たざる国〟のためのものである。我々はつねに保守的な偽善者どもからつまはじきされているのだ」と国民に呼びかけた。間もなくイタリア全土で「結婚指輪献納式」が行われ、ローマでは二五万個、ミラノでも一八万個が納められて武器購入費となった。愛国心が大いに高まったのだった。

その甲斐あって翌三六年五月五日、イタリア軍は遂にエチオピアの首都アディスアベバに入城、ハイレ＝セラシェ皇帝はロンドンに亡命した。イタリア中が歓喜に酔いしれたのであった。

「余はイタリア国民と全世界に宣言する。我々の平和は甦《よみがえ》った。エチオピアはイタリア領となった。」

ムッソリーニのこの演説はラジオを通じてイタリア中の広場に、家庭に強く響き渡った。そして彼は待望の〝帝国〟宣言を行った。

「エチオピア皇帝の称号は、これからイタリア国王とその子孫により併称される！」

ムッソリーニはイタリアの統帥として、またその人生において、まさに得意の絶頂に立った。そして内心ではヒトラーに強い感謝の念も湧き起こっていた。ヒトラーの軍隊がラインラントに進駐したおかげで、エチオピア侵攻もやり易かったこと、それよりもなによりも、国際連盟のイタリアへの経済制裁の間、ヒトラーはイタリアに対して、石炭のほか重要戦略物資の供給を続けてくれていたのであった。ファシズムとナチズムはこうして盟友の絆《きずな》を固くしていった。エチオピア戦での空の勇士ガレアッツォ＝チアーノは当時、宣伝相だったが、このあとムッソリーニが兼任していた外相に就任、ナチスードイツとの提携強化に専念することになる。

スペイン内戦

約四〇万に上る国防義勇軍を主軸とするエチオピア遠征軍が帰国途中の三六年七月、スペインでは人民戦線政府に反抗する保守勢力が反乱を起こし、史上「スペイン内戦」「スペイン市民戦争」と呼ばれる戦闘が勃発する。この戦争は保守派反乱軍を支援するファシストーイタリア、ナチスードイツと、共和政府軍を支援するコミンテルンの各国義勇兵による〝国際旅団〟の対決という図式をとり、三九年三月に終束するまで約三年近く続いた。結局、保守勢力が勝利を収めるのだが、エチオピア戦争に続くこのスペイン内戦は第二次世界大戦への前奏曲という意味を持つものであった。

フランスに樹立された人民戦線政府は、アンドレ＝ジイド（一八六六～一九五一）、ロマン＝ロラン（一八六六～一九四四）、ジョリオ＝キュリー夫妻など知識人を含めた広い支持を得ていたが、スペインのそれは軍部、大地主、資本家、カトリック教会など保守派からの抵抗を受け、必ずしも安定してはいなかった。その保守派による反乱軍を指揮したスペイン領モロッコ（西アフリカ）駐屯軍司令官フランシスコ＝フランコ将軍（一八九二～一九七五）は作戦に先立ち、本土への上陸支援をはじめ武器、資金援助などを数次にわたりムッソリーニに求めてきていた。共和政府打倒という
スペインの反乱運動に頼りにされたムッソリーニは、エチオピア戦争が終わったばかりだったが、

フランコ将軍の反乱が成功すれば同じ人民戦線政府のフランスも背後から脅かされ、ひいてはイタリアの地中海制覇を容易にすると読んで、介入に進んで踏み切ったのである。

イタリア軍爆撃機隊が真先に参加し、続いてエチオピアから帰国中の部隊も途中からスペインに回された。ムッソリーニ政府からは当初、ライフル二万丁、同数の手投弾、機関銃二〇〇丁、それに現金一五〇万ペセタなどの供給も約束された。

約三万のイタリア軍がフランコ軍とともに首都マドリードに向けて進撃するうちに、パリなどに亡命中の反ファシストのイタリア人が義勇軍を編成、「ガリバルディ大隊」としてスペイン共和政府軍側に馳せ参じた。ロッセッリ兄弟、ピエトロ＝ネンニ、パルミーロ＝トリアッティ、ルイジ＝ロンゴ（戦後にイタリア共産党書記長）らもその一員となっていた。こうしてイタリアの黒シャツ軍と反ファシスト義勇軍がスペインの地で銃火を交えることになったのである。

国際旅団となる義勇軍としてはほかに、フランス人の「コミューヌ-ド-パリ大隊」、ドイツ人の「ハンス-カレ大隊」、ポーランド人の「ドンブロフスキ大隊」、アメリカ人の「リンカーン大隊」その他が到着した。それらは労働者、農民、学生、知識人、医者などさまざまで、その数は最終的には五十数ヵ国から五万ないし七万人ともいわれたが定かではない。だが内戦終結時に居残った義勇兵は一万二六七三人だったという。

これら義勇兵は兵士としての訓練も受けておらず、戦力としては未熟だったが、自由と人権を守ろうという精神を高揚させていた。これら義勇兵の一人であったアンドレ＝マルロー（一九〇一～

七六）は『希望』、ジョージ＝オーウェル（一九〇三〜五〇）は『カタロニア讃歌』、またアーネスト＝ヘミングウェイ（一八九九〜一九六一）は『誰がために鐘は鳴る』（以上いずれも邦訳がある）などの名作を、それぞれのちに残している。

ヒトラー＝ドイツがこのスペイン内戦に本格的に参加したのは、開戦五ヵ月目の一一月であった。ドイツ以上に鉄鉱資源の多いことや近い将来のヨーロッパ支配を考慮し、効果的に参加することは世界戦略上、得策だとの計算からであった。とりわけ、再軍備を開始したばかりのドイツ軍を実践で訓練出来ることは極めて有意義であった。三七年四月二六日のゲルニカ爆撃がその意図を端的に物語っている。新鋭戦闘爆撃機ハインケルⅢ型機、ユンカース52型機群がバスク地方のこの小都市を小一時間にわたり盲爆した。低空飛行も実験し、機銃掃射も試みた。新型機のこの戦闘実験で婦女子ら非戦闘員多数が死傷した。投下した爆弾は五〇キロ弾三六個にも上った。人口一万にも満たぬこの小都市はほぼ壊滅した。ドイツ機のこの野蛮な行為は世界各地に怒りを巻き起こし、画家パブロ＝ピカソ（一八八一〜一九七三）がその非人道ぶりを絵画で告発したことはよく知られるところである。しかし終始、悲惨を極めたこの内戦で、共和政府側と〝国際旅団〟は勇敢に抵抗したものの、内部対立もあってバルセロナ、次いで首都マドリードも陥落、反乱軍の勝利で三九年三月末にようやく戦火は消えた。

げた。ファシストーイタリアが反乱軍側に注ぎ込んだ援助は大きかった。イタリア国営通信「ステーファニ」が一九四一年に報じたところでは、国防義勇軍などの戦死者は約六〇〇〇人、派遣航空機七六二機、爆弾一六七二トン、大砲一〇九三門、砲弾七五一万四五三七発、弾丸九二五万発、機関銃一万一三五丁、航空機エンジン一四一個、輸送車七六六三台に上ったという。別の新聞報道では、軍民のパイロット六〇一一人がイタリアからスペインに赴いたとある。またチアーノ外相の言葉として、スペイン内戦へのイタリア政府支出は一四四億リラに達したという。ヒトラー政府も、金額においては約五億マルクを支出したといわれている。

いずれにしてもこれらの援助で、ムッソリーニもヒトラーもスペインとその新指導者フランコ将軍を自らの陣営に加えた意義は大きかった。フランコは内戦中の三七年、ムッソリーニのドゥチェ、ヒトラーのフューラーにあやかってカウディーリョ（統領、総統）と呼称し、スペイン国家首席の地位に就いた。ヨーロッパには「独裁の三巨頭」が出現したことになる。

そのフランコ支援の過程でムッソリーニとヒトラーは、時にはおたがいに牽制しながらも、共通の利益のために必然とも宿命ともいえる同盟関係へと突き進んでいく。しかもそれは結果的に、ムッソリーニとイタリアがヒトラーの野望の餌食となる形で情容赦なく進行していった。当時、その危険性を憂慮する人も少なくなかったが、国内ではそれを口にすることは出来ない空気であった。

ローマ−ベルリン枢軸の成立

ムッソリーニ、ヒトラーはローマ、ベルリンでそれぞれ勝利を高々と唱い上げた。

今にして思うと、悲劇の明白な始まりはスペイン内戦開始直前の三六年七月であった。ローマのドイツ大使ウルリッヒ＝フォン＝ハッセルは外相になったばかりのチアーノに会い、スペインでの両国の政策協力というヒトラーの意向を伝えた。

チアーノはムッソリーニの意を受けて、「地中海の入口にソ連が橋頭堡《きょうとうほ》を築くことに懸念するドイツ政府に、我々も同感である」と答えた。それに前から両国の接近はあったが、この日以降、その提携ぶりは日を追って深まっていくことになる。ヒトラーは、イタリアがスペインに介入して地中海の緊張が続けば続くほど、イギリス・フランスの関心がそこに引きつけられ、ドイツの行動の自由が確保されると読んでいた。

ムッソリーニにとって不幸だったのは、その頃から胃痛が慢性化し、またクラレッタ＝ペタッチ（一九一二〜四五）という若い愛人との関係から政務もマンネリ化していたことである。政権掌握からすでに一五年も経っていた。彼の側近達は統帥の決定に従うだけで、政府・党組織を私物化し、汚職腐敗は日常化していて全く緊張感の欠けた政権に堕ちていたのであった。

その秋一〇月、ヒトラーはあらためてイタリアのエチオピア併合を承認し、義父ムッソリーニの代理でドイツ訪問中のチアーノ外相との間で、両国の一層の緊密な協力を誓った。ムッソリーニは一一月一日、ミラノで大群衆を前に、「このローマ－ベルリン路線こそは Asse（枢軸）であり、今後はこれを軸に世界は動くであろう」と述べ、以後、現代史の政治・外交用語としての「枢軸」の語は長く使われることになる。その枢軸ぶりを誇示するように、翌月には両国間で通商協定が締結された。ヒトラーはまた、おりから膨張しつつあった日本の軍国主義をにらみ、戦略的見地から日本と反コミンテルン協定、いわゆる「防共協定」をその年末に締結し、一年後にはイタリアを参加させて日独伊三国防共協定へ、さらにその後に三国軍事同盟へと発展させる。

ベルリンにヒトラー(右)を訪問したムッソリーニ　中央はチアーノ外相。1937年

ヒトラーへの心酔

一九三七年という年はムッソリーニにとって決定的な年であった。その九月に彼のベルリン訪問が行われた。三年前のヒトラーのイタリア（ヴェネツィア）訪問の答礼であったが、この時ムッソリーニはナチスの徹底した統制ぶりと見事なプロイセン軍国調に心酔してしまったのである。ヒトラーは国を挙げての歓迎を演出した。なかでもムッソリーニが大きく気を奪われたのはナチ親衛隊閲兵式であった。膝を真直ぐ伸ばしたまま高く足をあげた〝あひる式歩調〟の一糸乱れぬ分列行進は、まさしくプロイセン軍国主義の堂々の威風がみなぎり、彼はその勇壮さに陶酔と衝撃の入り交じった気持ちに襲われたのであった。

ベルリン市民の歓迎大集会ではヒトラーはローマからの賓客を次のように紹介した。

「ここにいる人物は、歴史によって創られた人物ではなく、歴史を創る人物である！」

ムッソリーニはこれに対して、こう答えた。

「我々ファシストは友を得れば、死ぬまで共にするものである！」

それからのイタリアの事態の推移を思うとき、この言葉の意味の重さは何と象徴的なことか！

ムッソリーニは帰国するとすぐに、ナチス式歩調を取り入れ、これを「ローマ式歩調」と命名した。そればかりか、ナチスの右手を挙げる敬礼も、「ローマ式敬礼」の名で採用し、その際ナチスが「ハイル-ヒトラー」（ヒトラー万歳）と言うところを「ヴィヴァ-イル-ドゥチェ！（統帥万歳！）」と言わせるようにしたのだった。ほんの一例だが、ムッソリーニのヒトラーとナチスへののめり込みようを物語るものだ。彼はこうしてヒトラーに一目《いちもく》置き、心理的に従属するようになってしまう。

ムッソリーニはまた一一月六日、日独防共協定に参加したことは前述の通りで、続いて両国にならって国際連盟からも脱退（三七年一二月）する。

ミュンヘン会談と運命共同体

ヒトラーは翌三八年二月、来たる五月にローマ答礼訪問の意向をムッソリーニに伝えてくる。ムッソリーニとしては歓迎準備に忙殺されることになるが、その最中の三月一八日、ヒトラーは自分の計画通りオーストリア併合に成功する。「彼はいつも既成事実を押しつける」と、ムッソリーニは怒ってはみたがあとの祭りであった。その元首ヒトラーの向こうを張って、彼は国王と並ぶイタリア大元帥の地位に就く。国王ヴィットーリオ＝エマヌエーレ三世はこれを快くは思わなかった。その頃から国王とムッソリーニの関係は徐々にぎこちなくなる。

五月にローマはじめ各地を訪問し、歓待を受けて気をよくしたヒトラーは、オーストリアに次ぐ

〝獲物〟として虎視眈々《こしたんたん》と狙っていたチェコスロヴァキアを要求し始めた。約三〇〇万人のドイツ人が居住する西部のズデーテン地方を割譲すべきだとの主張であった。「ドイツ人の生存権尊重」というヒトラー哲学から出た帰結であった。彼は一〇月一日という割譲期限まで突きつけた。

そのチェコスロヴァキアはフランス、ソ連とそれぞれ相互援助条約を締結しており、ヒトラーがその計画を強行すれば戦争が必至とみたイギリス首相ネヴィル＝チェンバレン（一八六九～一九四〇）は、事態解決のためムッソリーニを介して急遽九月末に南ドイツのミュンヘンで関係国首脳会議の開催を申し出た。

チェンバレン、フランス首相エドゥアール＝ダラディエ（一八八四～一九七〇）、それにヒトラーとムッソリーニによる史上「ミュンヘン会談」と呼ばれるものである。二日間の会議で統帥は終始ヒトラーの代弁者として会議をリードし、チェコにドイツの要求を飲ませる決議を取りつけた。チェンバレンは自分の宥和政策が奏功したと大満足であったし、ムッソリーニはローマで「平和の使徒」として歓呼の声で迎えられた。しかしチェコスロヴァキアは「生贄《いけにえ》」となった。ヒトラーはズデーテン地方だけでなく、チェコスロヴァキア全土を支配下におさめてしまうのである。

かくてヨーロッパは激動の時代に入った。ヒトラーは三九年三月、こんどはポーランドの旧ドイツ領のダンツィヒ市と同じくポーランド領となっている東プロイセンへの通路治外法権を要求したのである。ムッソリーニはこの情勢に便乗し四月七日、イタリアの勢力下にあったアルバニアを一方的に併合した。彼は「ヒトラーは思ったことは必ず実現させる偉い奴だ。彼と共にする腹を決めている」と、チアーノに語っていた。その〝腹〟が後述する五月二二日のイタリア、ドイツ両国軍事同盟の締結となる。この同盟はもともとドイツ側が望んでいたもので、ファシズムとナチズムは遂に運命共同体として結ばれた。ムッソリーニはこの条約を「鉄鋼条約」とも名づけた。

だが、その頃からムッソリーニ政権は秋の夕暮のように、つるべ落としそのままに転落への道をあわただしくたどることになる。

V　第二次世界大戦とムッソリーニ

大戦への参戦

ファシスト天国と統制

一九三九年にヒトラードイツと〝鉄鋼条約〟を締結したファシストムッソリーニは、押しも押されもせぬヨーロッパの巨頭の地位に上っていた。政権に就いて一六年余が経っていた。彼の意向を無視しては、ヨーロッパの外交も動かないほどであった。彼の夢である「〝古代ローマの栄光に輝く〟潑剌《はつらつ》たるイタリア」はすでに目の前にあるかに思われた。ムッソリーニとしては毎日が成功に酔いしれる思いであった。

彼を取り巻く党・政府首脳らは、すべてムッソリーニに唯々諾々と従う者ばかりであった。もともとイタリアでは古くから、同じ教会の鐘を聞いて育った者達の郷党主義《カンパニリズモ》という〝コネや縁故を大切にする慣習〟が根強く、情実人事や賄賂《わいろ》、依怙贔屓《えこひいき》などは美徳とはなっても必ずしも悪徳とはいえない社会であった。高級官僚はファシスト党幹部でなければ登用されず、公務員も党員でなければならなかったから、毛細血管のような党組織を通じて、全国はムッソリーニの思いのままであった。ムッソリーニのこの黄金時代は文字通り、「ファシスト社会」であり「ファシスト天国」そのものとなっていた。

もちろん、党員でない人もいた。国王に直属し、伝統的に忠誠を誓う軍首脳、一部の大学教授や知識人といった全体主義を快く思わない人達である。そうした人達は不断に党・政府からの監視の対象であった。秘密警察（既出のＯＶＲＡ）がその役目を果たした。それ以外の一般市民は、アパートメントの管理人であるファシストがいちいちその行動をチェックしては、警察に報告していたのである。

ムッソリーニが創設したドーポラヴォーロ（勤務終了後の余暇有効利用制度）によって、土日曜には各地域ごとに大衆動員がはかられた。体位向上と学習が目的であったが、それは結果として個人行動の統制にもつながっていた。

統制といえば、新聞報道の検閲は年ごとに厳しくなり、ファシズム体制にいささかでもマイナスになるような記事は、ステーファニ国営通信社によって配信もされなかった。例えばボクシングで三三年にヘビー級世界チャンピオンになったプリモ＝カルネラが数年後に王座を失ったが、その時のノックダウンされた写真は公開禁止となった。カルネラが王座についた時、ムッソリーニはファシストーイタリアの名誉だとして表彰したのだった。それだけにカルネラ惨敗の姿はみっともなくて公開をはばかるという次第であった。

だがそうした反面、列車の運行など国鉄への厳しい規制と運転士・機関士などへの勤務監視の結果、従来ともすれば乱れ勝ちな発着時間は正確に時刻表通りとなった。それを歓迎する人がいるかと思うと、時刻表通りに出発するため乗り遅れて困る人も出る悲喜劇も続発したものだった。それまでは車掌達は、遅れて来る乗客のために多少発車をずらしても待ってくれるという鷹揚《おうよう》というか人情味ある仕事ぶりであった。

「人種に関する声明」とローマ法王

ムッソリーニが反ユダヤ的な方針を打ち出したのもその頃で、ナチズムにとりつかれてからであった。当初、ヒトラーから反ユダヤ主義をイタリアも採用するよう懇請《こんせい》された時、ムッソリーニは「そんなことは出来ない」と拒否していた。それがベルリン訪問後の三八年七月一四日に「人種に関する声明」を発表して、「イタリア人はアーリヤ人を起源とし、……ユダヤ人はイタリア民族に属さず」と明言したのである。ヒトラーとの協力の証しとしての声明文であった。

当時、イタリアには約六、七万人のユダヤ系がおり、すでにイタリア人に同化していたが、この声明が法律化されるとやがて多くのユダヤ系市民は国外に脱出した。世界的な原子物理学者エンリコ＝フェルミ（一九〇一～五四）もその一人であった。この反ユダヤ法はイタリア国民から激しい不評を買った。非人道的という見地からはもちろんのこと、性格が正反対のドイツ人の模倣ということからの猛反発だった。ヴァチカン当局もこの反ユダヤ的態度を公然と非難した。このため第二次大戦中にイタリア国内のユダヤ人が残虐な目にあったとすれば（ある統計によると九〇〇〇人といわれる）、そのほとんどはイタリア駐留のドイツ軍の手によって行われたものであることが戦後に明らかになっている。

もともと古代ローマの昔からイタリア人は領地の現地人を登用し、人種差別意識はアルプスの北側の人間にくらべて稀薄であった。そこへナチス－ドイツに倣って反ユダヤ主義を導入したため、時のローマ法王ピオ一一世は「人間の兄弟愛に鑑みて反ユダヤ主義はキリスト教に反するものである。もし人種主義や国家主義よりも悪いものがあるとすれば、それは独裁の精神である」との声明を発し（三八年七月二一日）、ムッソリーニの心底を寒からしめた。イタリア国民も密かにこの法王声明には喝采を送ったものである。

すでに独裁体制を完成していたムッソリーニに、正面切ってものが言えるのはこのカトリック世界の最高位にあるローマ法王と外国に亡命している反ファシスト達でしかなかった。このためOVRA幹部がパリなどに、亡命者を装って潜入しては摘発していた。ディーノ＝セグレという人物もその一人であった。そうした危険な環境にありながら、亡命イタリア人達はリヨンやパリで反ファシズムーグループを組織して旗揚げしたのである。彼らは本国に残って細々と地下活動をしている共産主義者らともパイプを通じ合っていた。

ファシスト文化・思想の立役者たち　政府としては、反政府的分子は流刑処分としたが、そうした分子を生まないために学校教育と文化活動には多大の精力を注いだ。これはファシズムの特色の一つでもある。

とはいえ、教育や文化の領域は完全に統制され、ファシズムの発展に寄与するものだけに限定されていた。自由主義思想や共産主義理論などは、〝ファシズムの敵〟としてだけの意味で教えられたに過ぎない。例えば前出のドーポラヴォーロ制度の中に、一般市民や職業人向けの学習講座が設けられており、10単位の取得が決められていたが、その内訳は歴史3、地理、民俗、風土、言語各1の人文科学部門とあとは工学、法律、労働科学各1である。つまり精神科学部門で古代ローマ以来のローマ世界の伝統と民族文化を教え込むという狙いであった。あとの工学など3単位は生産と労働つまり協調組合に関する基礎知識ということである。

その頃もてはやされた論文の筆者を挙げておくと、まずムッソリーニにも強い影響を与えたといわれるヴィルフレード＝パレート（一八四八〜一九二三）もその一人。数理経済学者、社会学者でもあり、その論文「選良循環説」はその死後も刊行され、ロングセラーであった。要旨はくだいて言うと、社会は量ではなく質が重要であり、その社会を代表する知能集団が循環しながら変革発展し、社会を発展変革させるというものである。これは結果的にムッソリーニ体制を支持する理論として利用された。

このパレートによると、国家は機能的生産体であるべきで、生産にたずさわる技能者はその生産技能の向上に価値を置き、自分の技能に愛情を抱くことになる。言い換えれば賃金を多くとることが価値ではない。こうして個人は国家や社会において機能的、行動的に参加するという生活理念を持つことになる。ここから資本主義では個人の金もうけのために自由主義というものが不可欠となり、ファシズムとは相容れない理念であるとの考えをファシストはとったのである。

また「汎ローマ民族文化生活圏構想」を唱えたフィレンツェの文化人フェルディナンド＝パオリ

ーニ（一八七八〜一九二八）の論文も重用された。第一次大戦前の未回収地回復運動を民族統合主義に発展させ、地中海各地の古代ローマ世界の秩序を経験した諸民族・種族の伝統をローマの後継者であるイタリアに帰納させる思想を鼓吹しており、ファシストーイタリアはこれを現代地中海文明世界の樹立政策の理念として活用したのであった。

しかしファシスト文化・思想の影の立役者は哲学者ジョヴァンニ＝ジェンティーレであった。ファシズム初期の「国家なくして個人なし」との記述が国家優先のため、個人は完全に〝無価値〟であるかのように誤解されたため、その修正に機会あるごとに努めていた。誤解のもとはといえば既述のロッコの国家強調理論のためで、それがエチオピア戦争やスペイン内戦時に〝敵側〟から反ムッソリーニの宣伝材料として利用されたからでもある。

そこでジェンティーレが説き改めたことは「全体と個とは〈現実〉というひとつの〝場〟を持ち、ともに機能的に行動することによって同一の地位をもつことになる」というものであった。それを説明して、さらに次のように言う。

「個人の働きがなくして全体である国家の変化・発展はなく、個人も国家も行動的でなければならない。没我的個人は全体主義の機能にも参画出来ない。そのため個人は必然的に全体との関係に意識的、主体的なあり方をとらなければならないのである。」

こうした〝修正〟も、ムッソリーニの言うファシズム生成発展の一過程なのであった。

チアーノ

ドイツのポーランド侵攻

そのファシズムを吹き飛ばすような事態が、ムッソリーニの知らぬ間に進行していた。ヒトラーは密かにポーランド侵攻作戦の準備を完了していたのである。それも何とムッソリーニが命令したあの「鉄鋼条約」調印の前のことであった。

この事実を知ったのは、鉄鋼条約調印三ヵ月後の八月中旬、チアーノがドイツを訪問してリッペントロップとの会談の際であった。翌日ヒトラーも「対ポーランド作戦は一〇月一五日までに行われる」とこれを確認した。狼狽《ろうばい》したチアーノは帰国後直ちにムッソリーニにその旨を知らせた。すると「ドイツと一緒に進むのが自分の名誉だ」とムッソリーニは答えた。だがそれは翌日には「目隠しされたままでドイツと共同行動は出来ない」に変わった。

エチオピア戦争とフランコ支援の結果、戦争遂行能力など持ち合わせていなかったし、ナチスに騙《だま》されかつ手玉にとられていたと悟ったからである。ドイツとの軍事同盟は撤回しようとムッソリーニとチアーノは協議したが、すべてはあとの祭りだった。

この軍事同盟は、ムッソリーニとイタリアにとって何と致命的だったことか！　しかもこの条約全文はこともあろうにドイツ側の起草にまかせ、イタリア側は単にそれに調印したに過ぎなかったのだ。その第三条は「両国が他国と軍事的対決をした際には、単独休戦することなく相互に援助する」とし、とりわけ「当事者間で協議出来る資格を持つのは、ただ機能を持つ統治者だけである」と規定されていた。この後者の点はかつて外交史上、まず例をみないものであった。

ムッソリーニは進退きわまっていた。苦悩するそのムッソリーニの許に、ドイツとソ連の不可侵条約締結の報が飛び込んできた。八月二三日のことである。ヒトラーから珍しく事前の内報があったが、彼は半信半疑であった。反共のヒトラーとソ連最高指導者スターリン（一八七九〜一九五三）が手を結ぶなど夢にも考えなかったことだ。それが事実となったのだ。ドイツはこれで安心してポーランドに侵攻する手筈がととのった。しかし二日後、今度はイギリスとポーランドが急遽、相互援助条約を結んだ。もしドイツがポーランドに一歩でも踏み込めばイギリスの介入を招き、第二次大戦は必至の形勢となったのだ。ヒトラーは強気だった。ムッソリーニは参戦するには軍備が不十分なため、それ相当の援助を必要とする旨ヒトラーに伝えた。ガソリン、石炭、鉄鋼、砲台など当面一七五万トンに上る物量であった。それはドイツも不可能と踏んでの要求であった。

だが九月一日明方、ドイツ軍は機械化部隊を先頭にポーランドを侵攻し、三日にはイギリス、フランスがドイツに宣戦を布告して遂に第二次世界大戦が勃発した。

イタリアは中立の立場をとり、国民の多くはこれを歓迎した。だが参戦は近いと見る人が多かった。ローマでは「イタリアの労働者は、ポーランドの同胞を屠殺した連中と一緒には戦わない！」というポスターが夜蔭にまぎれて張られたりした。ムッソリーニは沈黙を守ったままだったが、中立に終始することはファシズムの存在理由を失うことも十分知っていた。

イギリス・フランスへの宣戦布告

戦局はドイツ軍の連勝で推移した。翌四〇年春、ムッソリーニは参戦に傾き、参戦の文書を書きながらチアーノに語りかけた。

「どうしてもこれが必要なのだ。中立をとったらイタリアは大国の地位を一〇〇年間も失うだろう。ファシスト政権にとっても不名誉なことになろう。」(『ムッソリーニの時代』)

彼の頭の中には大国主義やファシスト政権のことしかなかった。こうも言った。

「大衆などというものは組織化し、朝から晩まで制服を着せておかねばならない。それに鞭《むち》が必要だ。鞭が……。」(同上)

四月にはドイツ軍がデンマーク、ノルウェーに侵入した。目を見張るドイツの勝ち戦《いく》さにイタリアの多くの市民や知識人、産業界、財界までもが大きく気を奪われた。五月に入ってヒトラーの軍隊はオランダに侵攻し、さらに中立国ベルギーを踏みにじり、背後からフランスに進撃した。ムッソリーニは参戦を決意して参謀総長ピエトロ＝バドリオに告げた。

「余が必要なのは、平和会議で栄光の席に座るためには数千人の戦死者を出すことなのだ。」(同上)

事前に国王の認可を得ると、六月一〇日ムッソリーニは官邸ヴェネツィア宮のバルコニーに立ち予告のあった重要演説を聞こうと集まった約一〇万の市民を前に獅子吼《ししく》した。誰もが予想したイギリス、フランスへの宣戦布告である。一語一語、ゆっくりと力強く叫んだ。太いその声はラジオと拡声機で全国の広場にもこだました。ファシストらしい次の言葉もあった。

「我々はいま、金権政治のそして反動の西欧デモクラシーに対して戦争しようとしている。彼らはいつの時代にも、我々イタリア国民の前進を阻《さまた》げ、かつ存在を脅かしてきたのだ！」

そこにはムッソリーニの言う〝独善的で横暴だった〟先発資本主義国に対する後発資本主義国の憎悪がありありとうかがえる。

イタリア軍は地中海から、アルプスからフランスに進撃、その間にドイツ軍はパリに入城した。フランスはドイツと休戦、続いて六月二四日にはイタリアとの休戦が成立した。ムッソリーニはさらにリビア、エジプト、ソマリランド、さらにスーダンへと戦線を広げ、一方、一〇月にはアテネ空襲を皮切りにギリシア侵攻を開始した。緒戦はイタリア軍にとってもまずは快調といえるものだった。

前途多難のファシズムのための戦争

だがそれから半年も経たぬうちに、いくつかの大打撃を受け、前途多難を多くの国民に予感させずにはおかなかった。一一月のイギリス艦隊によるイタリアのタラント軍港奇襲攻撃や一二月のイギリス陸軍部隊のリビア攻勢である。とくにリビア戦線では一五万人以上ものイタリア兵が捕虜になった。ムッソリーニはこうした報告のたびに激怒して言った。

「第一次大戦では、イタリア兵はよく戦った。それがこの二〇年間のうちにこんなザマになるとは！」

実はイタリア兵が弱かったからではなかった。彼らはこの戦争がムッソリーニとファシズムのためのもので、国民のためのものではないことを知っていたのだ。旧式の兵器で、しかも食糧も不足して戦意など盛り上がらなかった。アフリカ戦線のイタリア兵は、仲間のドイツ兵が一人当たり一日一ガロン以上の水を支給されていたのに、その四分の一の量しかなかった。そして何よりもドイツとの同盟という理由だけの戦争ならば戦う前に降伏してしまうのが賢明だと多くの将兵は認識していた。これはいわば「軍事ストライキ」として戦線のいたるところで日を追って拡大していった。

女婿のチアーノ外相がその日記に書き残しているように、「統帥《ドゥチェ》は参戦には迷いに迷っていた」。だがヒトラーの軍隊が破竹の快進撃を続けているのを見て、〃勝ち馬〃に乗ろうとして参戦に踏み切ったのだった。これでは、ムッソリーニの参戦演説の檄もイタリア将兵には通用するどころではなかった。

ファシスト政権は戦意高揚のため、さまざまな手を打った。例えば外来語のイタリア化である。「百貨店」はアングロサクソンが発祥でStandard Departmentとイタリアは呼んでいたが、それを単にStandaとイタリア風に言い換えたのも一例である。また、ナポリが空襲された時には、同時にローマにも警報が出された。それは首都の市民にも緊張感をかき立て、戦争への協力を求めざるを得なかったからであった。裏を返せば戦場は遙かに遠く、戦争などどこ吹く風とばかり大多数の市民は、「ムッソリーニの戦争」に協力していなかったからにほかならない。その本土から戦場に連れて来られた兵隊達は居丈高《いたけだか》な態度の同盟ドイツ兵とは折り合わず、この連中と一緒になどやれるものかという空気も各戦線を強く支配していた。これはやがて、枢軸側の敗戦の一因となる。

イタリアでは参戦と同時に、大都市では夜間の燈火管制が厳重に実施され、映画・演劇なども午後一一時で終演となった。当然ながら重要物資は割当制、配給制となった。すぐに闇市が出現し、物価も日ごとに上がることになった。

もともと自分の人生をいとおしみ、個性的で団体行動の大嫌いなイタリア人だけに、「何でこんな戦争をしなければならないのか」との疑問が、日増しに国民の口に上るようになるのも当然であった。

失脚、そして傀儡《かいらい》政権

傲慢なドイツ軍

参戦してからというもの、ムッソリーニにとってヒトラーはライヴァルとなっていた。「あいつに負けてなるものか！」という気持ちにいつも燃えていた。それだけに一九四〇年一〇月、イタリアが突如ギリシアに侵攻し、その旨をおりからフィレンツェで会談中のヒトラーに通告した時には大いに溜飲《りゅういん》を下げたものだった。同じく四一年六月、ドイツが不可侵条約を一方的に破ってソ連に進撃すると、ムッソリーニもすかさず対ソ戦に参戦し、即時ヴェローナ師団をロシア戦線に派遣したのである。それまでもヒトラーは独断で戦線を拡大し、ムッソリーニにはその度ごとに「事後承諾」の形で押しつけてきたのであった。同盟国というのに、ヒトラーのつねにイタリアを無視するかのような態度をムッソリーニは我慢ならなかった。とはいえ、彼はその一方で、いまやドイツと一緒に戦って勝つしか生きる道はないことも悟っていた。もしドイツが敗れるようなことがあれば、それはとりも直さずムッソリーニとファシズムの敗北につながるからであった。

開戦後に両巨頭が会談したのは大戦勃発後一年もたった四〇年一〇月、フィレンツェにおいてであった。ヴェネツィアの初会談以来、それまで四回会っていたがその頃までは両巨頭とも一応対等に、和気靄靄《あいあい》と盟友ぶりを確め合っていた。

だが、枢軸側にとって戦局が思わしくなくなった大戦三年目の四二年春のザルツブルク会談（両者の第九回目会談）では、ヒトラーはイタリア軍の戦闘能力に懸念を表明し、ムッソリーニを面罵《めんば》する一幕もあった。ムッソリーニとファシズムに心酔して勇敢に戦う将兵を除き、多くのイタリア兵は戦闘意欲を欠いて後退を続け、ムッソリーニも面目を失墜していた頃である。そのうえドイツ兵は民族の優秀性というヒトラーの〝宗教〟をかさに着て、戦場でもイタリア兵に傲慢《ごうまん》な態度で臨んでいた。実はそれも、大戦終了後の世界におけるファシズムとの優劣争いでナチズムを優位に立たせ、ドイツ民族による世界支配を確立させようとするヒトラーの狂信的意図を反映したものでもあった。

こうしたドイツ将兵のイタリア将兵への仕打ちに対して、イタリア側は古くからのドイツ人蔑視用語の「テスタードゥーラ（石頭）」といった言葉でドイツ兵を呼び捨て、せめてもの鬱憤《うっぷん》を晴らしていた。同盟国兵士のこの感情的軋轢《あつれき》は、四二年暮から翌年春にかけて枢軸側の敗北が重なると、第一線のあちこちの戦場でも爆発した。四二年一一月、連合軍の「炬火作戦」と呼ぶ北アフリカへの大量上陸が成功し、数ヵ月に及ぶ戦闘ののちドイツ機械化部隊が敗退を余儀なくされると、ドイツ軍はイタリア軍の輸送機関をも奪い取って逃げ、イタリア軍を砂漠の中に置き去りにしたのだ。また四二年から翌年にかけての冬、ロシア戦線での攻防戦で枢軸軍が潰走《かいそう》した際には、ドイツ軍はイタリア軍の輸送車、装用車などを取り上げ、乗っていたイタリア傷病兵を零下三〇度の凍った雪原に放り出したままにした。いずれの場合も抵抗した者は射殺された。こうしたドイツ人の非人間性に、イタリア将兵はナチ＝ドイツとムッソリーニに対する抜き難い憎しみを抱くようになり、反戦への思いが前線でも高まったのであった。

戦局の退勢のなかで

部分的には互角の戦線もあったが、主要な戦場で明白に連合軍が攻勢に転じたのは四三年春であった。アフリカ戦線、東部戦線での敗北がそれであり、太平洋戦線では日本軍がガダルカナルの敗北と、東西で連合軍の圧倒的な力の前に枢軸側は屈服の兆しを見せ始めた。イタリアはこの時、北アフリカに持つ各地の植民地を失うに至った。

ムッソリーニとファシズムにとっては、これはかつてない大打撃であった。国内にも反政府的空気がくすぶり出した。闇市は賑い、物価は高騰するばかりであった。ムッソリーニは国内の空気を一変しようと四三年二月、軍首脳の総入れ替えとともに内閣も改造し、自らは首相、外務、内務、法務、陸、海、空三軍など計八閣僚ポストを兼任することとした。外相のチアーノはヴァチカン駐在大使に移った。参謀総長にはドイツとは特別の関係のないヴィットーリオ＝アンブロージョ元帥が就任した。反ドイツに傾いていたムッソリーニの意向であった。この新参謀総長は直属の部下ジュゼッペ＝カステッラーノ准将とともに、早期にドイツと手を切り戦争を中止することがイタリアの将来のために必要だと考えていた人物である。

特にカステッラーノ准将は、「この戦争はムッソリーニのためのもので、国民のためにはならない。犠牲を強いられる国民が可愛想だ。早期休戦こそイタリアを救う道である」という信念に燃えていた。まだ五〇歳のイタリア参謀本部の史上初の若い将軍であった。

外相経験者チアーノも、長年のドイツとの折衝でドイツをあてにすることの危険性に気づいていたところからアンブロージョ、カステッラーノらと同様に速かにドイツと手を切ることが必要だと思うようになっていた。このチアーノを含めたカステッラーノ、アンブロージョのトリオはその時から王室と組んでムッソリーニ逮捕による排除計画を練ることになる。

四三年三月、相次ぐ連合軍の空爆による工場労働者の被災増加で、トリノのフィアット自動車工場で起こった労働者のストライキは、直ちに周辺工場やミラノ、ジェノヴァなど大工業地帯にも拡大した。参加人員は三〇万人にも達する政治ストの性格を帯び、軍需生産の危機を招来するまでになった。一部の工場では「ムッソリーニに死を！」という文字まで塀に書かれ、ファシスト政権の土台をも揺さぶる勢いであった。このストは内外の反ファシストを大いに勇気づけたものである。

その後、ムッソリーニは党書記長を若いカルロ＝スコルツァに替えるとともに、現党員四七七万四〇〇〇人（うち女性一二一万七〇三六人）、ドーポラヴォーロ加入者四五〇万人という最新の数字を発表し、大いに満足していると述べたものである。その際、彼は近く連合軍がシチリアに上陸してくるだろうと予告し、国民に本土決戦への奮起を呼びかけた。

事実、それに先立ち、チュニジア戦線の最後のイタリア軍が降伏し、同じ日に北アフリカとシチリアの中間にある小島パンテレーリアも敵の手に落ちた。連合軍のシチリア上陸はこうして時間の問題となってきたのだ。

ムッソリーニ解任の決意

国内では急速に緊張感が高まってきた。国王ヴィットーリオ＝エマヌエーレ三世は王室の運命をムッソリーニ、ヒトラーにゆだねるのは絶対に避けたいと考え、ムッソリーニの解任を決意した。二一年前の一九二二年一〇月に彼を政府首班に任命したのは、ほかならぬこの国王ではなかったか。当時、左翼の革命的機運が高まっていたイタリアを、ファシストの暴力革命でムッソリーニは救ってくれたと国王は感謝の念を抱き、その後も信頼してきた。だがムッソリーニの独裁が長年続き、彼がイタリアのシンボルともなり、国王の彼に対する不快感は年とともにふくらむ一方となっていたのだ。

その国王のムッソリーニへの反感を助長する出来事が、ヒトラーの中立国ベルギーの蹂躙《じゅうりん》であった。皇太子ウンベルト二世の王妃マリア＝ジョゼは、そのベルギー王室から迎えられていた。この王妃はヒトラーと手を結んだムッソリーニに公然と反感を示し、王室内に反ムッソリーニ感情を高めていたのである。七月九日深更から一〇日にかけ、遂に連合軍がシチリアに大戦中最大規模の兵力で上陸に成功すると、国王も本格的にムッソリーニに代わる後継首班の選択に動き出した。

ムッソリーニとファシズムにとっては、最悪の状態——危機が迫ったのであった。だが彼にはその認識はなかった。国王はつねに自分を信頼していると自負していた。そのムッソリーニは党首脳達に、国民に奮起を呼びかけるための地方遊説を指示した。党首脳らは国民に事態をどう説明すべきかにつき、ファシズム大評議会を開くよう要請した。党元老のデ＝ボーノ、上院議長フェデルツォーニ、下院議長グランディ、それにチアーノら約一〇人であった。ムッソリーニは簡単に承知して、七月二四日土曜日夕に開催と決定した。

そこへ突然、ヒトラーからムッソリーニとの会談要請があった。イタリア側からは翌一八日に北イタリアでの開催を返答した。その一七日にイギリスのチャーチル首相、アメリカのルーズヴェルト大統領の両首脳による要旨次のようなイタリア国民向けメッセージが発せられた。

「イタリア国民へ。ムッソリーニとヒトラーのために死ぬか、それとも祖国と文明のために生きるかの決断の時は来た。ナチスとファシストは、古くからのイタリアの自由と文化の伝統と相容れない。我々はイタリアを悲劇の戦場としたくはない。すべては諸君らの選択いかんにかかっている！」

ムッソリーニはヒトラーと連合国、そしてイタリア国民と王室からの挟み打ちの状態に置かれたことになる。だが自惚《うぬぼれ》の強い彼にはそれにも気づかなかった。長期の独裁から、現状を認識する感覚が麻痺《まひ》してしまったとしか言いようがない。

ヒトラーとの一二回目に当たる会談はフェルトレで開かれ、双方の軍首脳も随行した。この会談ではヒトラーが一方的にまくし立て、シチリアに容易に連合軍を上陸させたイタリア軍の弱腰をなじり、ムッソリーニを随員の面前で侮辱する場面もあった。その会談中、連合軍の爆撃機群が〝永遠の都〟ローマを初めて空爆中との報告が入り、会談は何の実も結ばずに終わった。ムッソリーニが本土決戦のための物資救済をヒトラーに要請したが、これは冷たく拒否された。随員の参謀総長アンブロージョはムッソリーニに、「いまこそドイツと手を切るように」と懇願したが、ムッソリーニはもはやヒトラーには何も言い出せなくなっていた。

ファシズム大評議会とムッソリーニ逮捕　次いで七月二四日のファシズム大評議会は、ムッソリーニにとって〝一難去ってまた一難〟どころか必殺の一撃となった。ひと言でいえば、ファシスト党の党利党略による事実上のクーデタで、彼は〝大政奉還〟をつきつけられたのである。その首謀者は古くからの同志で外相、駐イギリス大使などを歴任したグランディであった。

大評議会ではまず、ムッソリーニが二八人の列席者を見回しながら戦局の現状を説明し、相次ぐ敗北について軍首脳を非難した後、当分自分が軍の指揮をとると発言した。軍への弱腰非難については軍長老のデ＝ボーノが反論、他の者も戦争か平和かの岐路にあると新たな選択を迫った。

次いでグランディが、イタリア軍の敗北は独裁政治のためであると、ムッソリーニを〝君〟呼ばわりしながら自ら起草した決議文を読み上げた。その声は力強かった。

「……。大評議会としては、統帥《ドウチェ》は憲法第五条に基づき、陸海軍の全統帥権を国王に返還すべきだと考える。かつまた国王に忠誠を尽くす首相であらねばならないと望むものである。……」

さらに続いてチアーノは、三九年以来のドイツとの同盟関係に関し、「ヒトラーはつねに我が国を欺《あざむ》いてきた。もはやドイツと手を握り続けるべきではない」と、ドイツの条約不履行の数々の例を挙げ、加えて岳父ムッソリーニのヒトラー盲信を批判した。チアーノはこの時、公然かつ堂々と岳父に反旗をひるがえしたのだった。

この大評議会は結局、翌朝午前三時近くまで続き、グランディ決議案は賛成一九人、反対七人、棄権一人、その他一人で、ムッソリーニの国王への統帥権返還が多数を占めた。チアーノはもちろん賛成票を投じた。ムッソリーニにはこれは相当のショックであった。帰邸後、妻ラケーレはムッソリーニからこの事実を聞き、「チアーノまでが……」と絶句したという。

だがムッソリーニはこの決議を全く重視してはいなかった。彼が十余年前に自ら決めた通り、大評議会は諮問機関であって議決機関ではないことを知っていたからである。また、ヴィットーリオ＝エマヌエーレ三世がその決議など無視すると信じ込んでいた。しかしその国王は大評議会の結果を知らされると、これをムッソリーニ解任の正当な理由と決めた。その二五日夕、ムッソリーニが離宮サヴォイア荘に大評議会の報告を行うとともに、国王に信任を得ようとして参内したところを、かねてからの計画に基づいてカステッラーノの手で統帥を逮捕・拘禁してしまったのである。

「ファシズムの時代は終わった」

その夜遅く、「ムッソリーニの辞任に伴う」バドリオ元帥の首相就任の発表と同時に、内外に「戦争は続く」旨の布告が新首相の声で放送された。だが国民の多くはまるで戦争が終わったかのように狂喜した。バドリオが参謀総長時代の一年ほど前に、ムッソリーニのギリシア侵攻に反対して詰め腹を切らされたことを国民は忘れてはいなかった。したがってこの首班交替は「休戦近し」を示すものと国民は敏感に受けとめたのだ。各地のファシスト党員は胸のバッジや制服、黒シャツなどを道端やゴミ箱に投げ捨てた。市民はファシスト党の建物に押しかけて、ムッソリーニの胸像や党標識を街頭に放り出した。

グランディ、チアーノらは事態の意外な急転に驚き、直ちに身を隠した。元党書記長のファリナッチはローマのドイツ大使館に亡命を求めた。グランディとその決議案を支持した首脳らは、ムッソリーニを党首と政府首班の地位から引き降ろすことによって、思わしくない戦局への党の責任を回避しようと狙ったふしがある。そうした動きの一方で、グランディはムッソリーニに代わって自らが党首の地位に就こうと国王らに画策した形跡もあった。つまりムッソリーニ失脚を意図したクーデタは、あくまでもファシスト体制温存の範囲内での出来事に過ぎなかった。

しかしそのクーデタを横取りした形で、カステッラーノら軍首脳と王室はファシスト体制を互解させてしまったことになる。燈火管制下にもかかわらず、その夜遅くまで煌々《こうこう》と電燈をつけて祝福し合うローマ市民を眺めて、カステッラーノは、「賑やかで、そして空々《そらぞら》しかったファシズムの時代は終わった！」とつぶやいた。

二〇年間のファシズムの時代は文字通り一瞬にして崩れてしまった。あっけない最期というほかはなかった。四〇〇万以上の党員勢力を誇り、毛細血管のように張りめぐらされた組織は一夜にして消えてしまったのだ。ムッソリーニ一人を逮捕したことで、体制が崩壊したことは、ファシズムの独裁ではなくムッソリーニ個人の独裁であったことをいかんなく物語るものであった。

当のムッソリーニの身柄は一晩、ローマの警察学校に保護されたのち、ティレニア海のポンツァ島、ついでサルデーニャ島に隣接のマッダレーナ島に移された。しかしドイツ側のムッソリーニ捜索が厳しく、バドリオ政府はムッソリーニの身柄をさらに中部アペニン山脈中の峻峰《しゅんぽう》グラン－サッソ（標高二九一四メートル）頂上の小ホテルに運んだ。バドリオはここならば救出不可能と踏んだのだ。バドリオは同時に参謀本部のカステッラーノ将軍に連合軍との極秘休戦交渉に当たるよう命じた。約二カ月の苦難の末、カステッラーノの交渉は実を結び、連合軍とバドリオ政府は九月八日突如イタリアの休戦成立を発表した。「待ってたものが来た！」とイタリア国民の多くは全土で喜びに湧いた。そしてファシスト達はあらためて声をひそめた。だが、それと同時にヒトラーは軍を増強して首都ローマはじめナポリ以北のイタリアをほぼ占領下に置いた。その夜、間一髪でバドリオ政府は王室一行とともに闇夜、アドリア海からドイツ軍のいない南イタリアのブリンディシに脱出する。イタリアは嵐の大海の小舟のように翻弄《ほんろう》されていた。

ムッソリーニ救出とサロ政権

この新情勢でヒトラーは、ドイツ占領下のイタリアに新ファシスト政権再興の必要性を痛感し、ナチ親衛隊を通じムッソリーニの身柄救出に全精力を傾けた。いまもそれは謎に包まれているが、ドイツはとうとうムッソリーニ幽閉先をつきとめ、九月一二日に降下部隊をもって遂に救出に成功し、身柄をドイツに運んだのであった。奇跡的ともいうべきこの救出ドラマは、「両巨頭の固い友情ストーリー」として瞬時に世界に伝えられ、敵味方を問わず感嘆にどよめいた。

果たしてヒトラーは、ムッソリーニとの〝固い友情〟から救出を敢行したのであろうか。必ずしもそればかりではなかった。イタリアを利用するためにはどうしてもムッソリーニの持つカリスマ性が不可欠であることをヒトラーは知っていたからだ。

ミュンヘンで待ち受けていたヒトラーにムッソリーニは駆け寄るように近づくと、抱擁しながら言った。「総統《ヒューラー》よ、本当に有難う。すべてが夢のようだ」と。そのムッソリーニにヒトラーは北イタリアに新政権を樹立するよう強要した。これでムッソリーニは文字通り、ナチスの傀儡《かいらい》政権になり下ったのである。新政府は「イタリア社会共和国」を名乗り、北イタリアのガルダ湖畔サロに外務省が置かれたため、通称サロ政権と呼ばれた。

ムッソリーニは再びファシスト党々首となったが、特に仕事はなかった。身辺はもちろん周辺に計三〇〇〇人ほどのナチ親衛隊が配置され、新共和国の主要政務はすべてナチ親衛隊のカール＝ヴォルフ将軍が取り仕切っていた。家族と暮らす私邸にも警護のためとして親衛隊将校が同居し、電話も盗聴されていたのである。これで背後にナチスのいるサロ政権と同様に連合軍のいるバドリオ政権と、イタリアは完全に北と南の真二つに引き裂かれてしまったことになる。

ドイツ軍占領下のローマでは、反ファシスト政治家による反ナチ-ファシズムの地下抵抗組織「国民解放委員会（Comitato di Liberazione Nazionale ＣＬＮ）」が結成された。社会、共産、行動、自由、キリスト教民主の各党と労働民主派などによる。これらの政党などはまた、パルティザンとしての活動も開始する。連合軍はイタリアの休戦宣言と同時に、約五個師団をナポリ南方サレルノに上陸させ、徐々に北進を開始した。これでイタリア本土は連合軍とナチ-ドイツ軍の戦場と化し、同時にパルティザンとナチ-ファシストとの内戦の舞台ともなったのだ。

ムッソリーニは救出後、初のイタリア向け放送で、「黒シャツ党員よ！　イタリアの男女よ！　忠誠という言葉は意味深い。それはドイツ人の魂と永遠に結びつくことである」と述べ、イタリア国王、バドリオ、それにファシズムへの反逆者を非難した。だがその声は二ヵ月前ほど力強くはなかった。心労も加わって従来の胃痛も進んでいた。ミルクと野菜、果物という食事しか摂れなかった。急に老け込んだと誰もが思った。

サロ政権は北イタリアで一八歳から二〇歳の青年男子を徴兵した。戸籍上は一〇万いるはずだったが、実際には八万七〇〇〇しか集まらなかった。うち半分は労働力としてドイツに徴用されていった。サロ政権下のイタリアはまるでドイツ領土と化していくのであった。

最期の日々

再興党大会とヴェローナ裁判　連合軍と休戦を結んだ南イタリアのバドリオ政府は二ヵ月後の一九四三年一〇月一三日、ヒトラーのドイツに宣戦を布告した。いかにナチス-ドイツの傀儡政府とはいえ、サロ政権首班のムッソリーニの立場は一層弱まざるを得なかった。彼はわずかの来客との雑談や新聞を読むだけの生活を変えて、サロ政権下の軍隊やファシスト党員の観閲、演習実施などに精を出すことにしたが、のちに癌と判明した胃病が進行し、頬《ほお》がこけるほど痩《や》せ衰え、かつての覇気は全く消え失せていた。

しかしそれだけではなかった。ヒトラーと手を結んでからというもの、ムッソリーニとそのイタリアは自らの力で動くのではなく、激流に呑み込まれた木の葉のように、もみくちゃに押し流されていく。そして時は容赦なく、ムッソリーニの運命を荒々しく転がしてしまうのであった。

北イタリアを支配するドイツ軍は、物資や食糧の徴発に加えて、美術品やサロ政権の金塊までもドイツに運び去った。そうした横暴ぶりに抵抗するかのように一一月、ムッソリーニは再興ファシスト党の党大会をヴェローナで開催した。自らの存在を内外に誇示する狙いからである。この大会は彼が新たに書記長に任命したアレッサンドロ＝パヴォリーニが取り仕切った。

大会の眼目は、ムッソリーニの「再武装した我々ファシストは、本来の革命に立ち帰るべきである」の言葉に基づいた新党綱領制定であった。一八項目に上るその内容は、久し振りに意気挙がる党大会で、劇的な歓呼の中に採択された。そこではあらためてファシズム理念の確立と、ファシスト党による権力の再認識が明文化されていた。例えば第一一項目では、「国民経済においては国家という崇高な観点から、個人的利益は行動する集団全体のために転化させなければならない」とし、また別の項では「選ばれた才能ある人物が指導性を発揮する」などとしてムッソリーニ独裁体制を追認した。このほか制憲議会選挙実施、裁判所の独立性、新聞の自由を目指すなどを謳い上げたが、これらは単なる掛け声に過ぎなかった。

その頃、イタリア占領のドイツ軍に対する反ナチ-ファシズム抵抗運動は各地で燃え広がっていた。新綱領はその運動に便乗する形でドイツにも意地を張り、同時に再建ファシスト党の強化というムッソリーニの複雑かつ屈折した心境を示すものでもあった。その彼に、ヒトラーは悲惨極まる一撃を加えて来た。約半年前のファシズム大評議会での反逆分子を裁けとの示唆である。

そのヴェローナ裁判は翌四四年の新年とともに始まった。大評議会でムッソリーニに〝反逆〟した一九人のうちドイツ側に逮捕されていたチアーノ、党元老のデ゠ボーノ、元農相パレスキ、それに党首脳陣のマリネッリ、ゴッタルディ、チアネッティの六人が出廷、行方不明の他の一三人は欠席裁判に付された。形式的には裁判官らはサロ政権の高官だったが、すべてはヒトラーの思惑通りに進行し、最初から極刑が下だされることは明々白々であった。

八日から三日間のその法廷には、「反逆者に復讐を！」の空気が支配していた。ヒトラーにすれば、枢軸体制に深い亀裂をもたらした連中への見せしめがぜひとも必要であった。大評議会の翌朝、グランディ決議案への賛成を撤回したチアネッティだけが懲役三〇年の刑で、ムッソリーニの女婿チアーノ、ファシスト党創建に尽くしたデ＝ボーノら五人と、欠席裁判のグランディら一三人全員に銃殺刑の判決が下だされた。「ムッソリーニはチアーノらを減刑にするだろう」との噂も流れたが、ムッソリーニとしては全く手は出せなかった。後年、ムッソリーニの長男ヴィットーリオは、「あの時、父はいかんともしがたかった」と、父の悲痛な心情を語っている。ヒトラーの方針に逆らうことは出来なかったのだ。

判決の翌一一日朝、小雪のちらつく刑場でチアーノら五人はドイツ軍将校の監視のもと、ファシスト銃殺隊により処刑された。執行の報にムッソリーニは声を押し殺して泣いたという。実はチアーノらは助命嘆願書を書いたのだが、パヴォリーニがそれを握りつぶしたことがのちに判明している。

イタリア＝パルティザンの活躍

連合軍がサレルノに上陸後、ドイツ軍も頑強に抵抗を続け、戦局は一進一退であった。その間、ナポリでは市民がドイツ軍と戦闘を展開、自らの力でドイツ軍に白旗を掲げさせた。四四年一月末にはローマ南方五〇キロのアンツィオにも連合軍が上陸して北進の途についた。これら連合軍は各地でドイツ軍と激戦の末、六月四日ようやく市民の歓呼のう

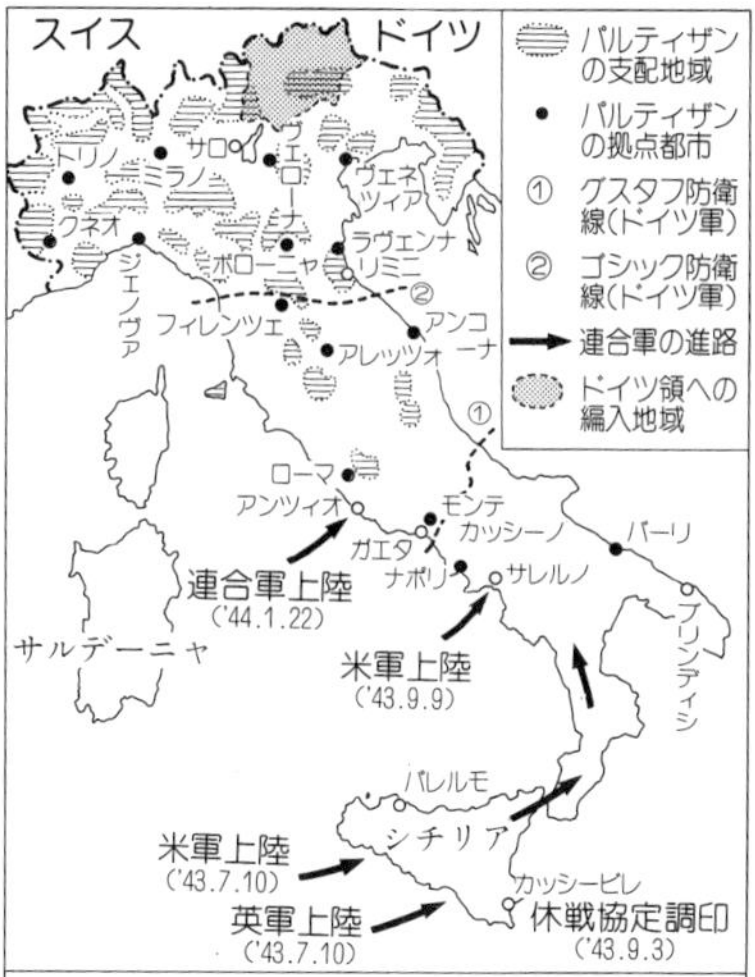

主要都市の解放日

ブリンディシ	(1943.9.10)	ラヴェンナ	(1944.12.5)
バーリ	(1943.9.13)	ボローニャ	(1945.4.19)
ナポリ	(1943.10.1)	ラスペツィア	(1945.4.24)
ローマ	(1944. 6.4)	ミラノ	(1945.4.25)
フィレンツェ	(1944.8.31)	ヴェネツィア	(1945.4.28)
リミニ	(1944.9.22)	トリノ	(1945.4.29)

パルティザンの蜂起拠点と支配地域
1943年９月の休戦後

ちにローマに入城した。

　すでにその頃、各地のパルティザンは国民解放委員会の指揮のもとに機動戦を展開していた。社会党系の「マッテオッティ旅団」、行動党系の「正義と自由旅団」、共産党系の「ガリバルディ旅団」、「グラムシ旅団」などそれぞれが反ファシストの由緒ある名前を冠していた。「正義と自由」とはフランスで暗殺された反ファシストのロッセッリ兄弟が創始した政治団体であり、「ガリバルディ旅団」はスペイン内戦におけるイタリアの国際義勇軍の名を引き継いだものであった。この段階でのパルティザンの数は約六、七万に上っており、元兵士を含めたあらゆる職種の老若男女から構成されていた。これらパルティザンは反ナチ-ファシストの戦闘で、連合軍の前衛的役割を果たしていたのである。

　こうした事情から連合国側は、バドリオ政権がドイツに宣戦を布告した後、イタリアに「共同交戦国」の地位を与え、かつ「連合国の一員」として遇したのであった。ちなみに前年九月の「イタリア降伏文書」も、イタリアの対ドイツ宣戦四日後に大幅修正され、第一項の「無条件降伏」の語は削除され、単に「イタリア三軍は降伏した」に改められた。

連合軍のローマ入城と同時に、北のムッソリーニは全軍に総動員令を発した。一ヵ月後の七月、ムッソリーニはヒトラーに呼ばれて東プロイセンの総統大本営に列車で向かった。途中、連合軍機に爆撃され、幾度も退避を余儀なくされた。枢軸はもはや追い詰められていることをドイツの地でも身をもって感じ取った。会談の日の二〇日、ヒトラーは反ヒトラーの軍人による爆殺を危うく免れるという事件に遭遇したばかりだったが、ムッソリーニはその命拾いした総統から〝新型兵器〟とされる「核爆弾」をドイツが研究中と聞かされ、最後まで共同行動をとる意思を固めた。

この会談は両独裁者にとって一四回目で、かつ最後のものとなった。ムッソリーニはヒトラーの秘密兵器に寄せる自信のほどを見て、「最後の勝利は枢軸にあり」との確信を与えられた。ただ核爆弾についてはアメリカの開発が一歩先んじていたことは、歴史の示す通りである。

その夏、イタリア-パルティザンは中部と北部で各都市や農村部を次々と解放し、そのあとから進撃する連合軍はシェーナ、リヴォルノ、次いでフィレンツェなどを確保した。ムッソリーニはアルプス山中に立て籠り、時間を稼ぎながら〝最後の勝利〟をおさめる戦略を考慮するに至った。しかし一方、ローマ解放後にミラノに設置された地下組織の北イタリア国民解放委員会（Comitato di Liberazione Nazionale Alta Italia CLNAI）も、ローマの国民解放委員会の北部代表の地位を認められた。

ムッソリーニの和平交渉　その足元まで地下政権とそのパルティザンに脅かされるに至ったムッソリーニは一二月一六日、意を決してガルダ湖畔からミラノに出向き、同盟国ドイツ・日本の国旗も飾られたリリコ劇場で満員の聴衆に大演説をぶった。

「同志諸君！　ファシストの理想は破壊されることはない。我々の勝利は絶対である。」

このように述べて日本の「特攻」やドイツの新兵器開発を挙げて、勝利への確信を披歴《ひれき》した。

しかし、彼はその一方で、全く極秘裏にイギリスの情報機関とマジョレ湖畔のスイスに近いポルトークレシオで和平交渉を開始していた。一九九三年に明らかにされたこの史実によると、当時のサロ政権の軍事情報部長トマソ＝ダヴィド将軍がムッソリーニの指示で準備したもので、イギリス側はチャーチル首相の〝代理〟の資格であった。第一回会談は四四年九月、ダヴィド将軍も列席してトラヴァリア荘でムッソリーニ自身がイギリス側と交渉、四五年に入ってからも交渉は三回重ねられた。この〝事実〟はダヴィド将軍の令嬢ジョヴァンナが資料とともに一九九三年に公表したのである。結局、四五年四月になって情勢の急転回とともに中断のやむなきに至ったという。その頃、日本側との協議で彼が最も信頼する日本へ潜水艦で脱出する計画もたてられていたが、それも不可能になったとされている。

ムッソリーニはまた、長男ヴィットーリオを通じてミラノ大司教シュ一ステル枢機卿に同じ頃、スイス駐在アメリカ軍情報機関の外交官アレン＝ダレスとの和平交渉の仲介を依頼していた。ドイツの新型兵器完成を待ちつつも、悲惨な最期だけは避けたいとするムッソリーニのあえぐような気持ちの現れと見ることが出来る。一時は第一次大戦と第二次大戦という〝前科〟を犯したドイツと手を組んだことを深く後悔したムッソリーニだったが、ひとつはドイツの〝原子爆弾〟、もうひとつは連合国との接触という二つの手段のいずれかで、自らの悲劇は防げるとの一縷《る》の望みを抱いていた。

だが同盟軍ナチ親衛隊の在イタリア司令官ヴォルフ将軍も同じ頃、ムッソリーニには内密にこれまた前記アレン＝ダレスとパイプをつなぎ、独自の降伏折衝に入っていた。ナチ親衛隊とファシスト軍が警備していたにもかかわらず、パルティザンはサロ政権の役所をも襲撃するまでになっていたし、しかも西部戦線では連合軍が占領地域を拡大、東部戦線で大攻勢に出ていたソ連軍は怒濤の勢いで首都ベルリン近くまで迫っていた。もはや大戦の帰趨《きすう》は明白となっていたのである。

ミラノの国民解放委員会

日一日と勢いを増した反ナチ―ファシストのパルティザンは、二十余年のファシズム体制とその弾圧にさらされた左翼が主力となり、ナチ―ファシスト軍との間で血みどろの復讐と報復を各地で繰りひろげていた。目を覆うような内戦の悲劇は数えるいとまがないほどである。四五年春の段階ではそのパルティザンの数は約三〇万人にもふくれ上がっていた。これに対するイタリア占領ドイツ軍は約二〇万、ファシスト共和国軍が約九万三〇〇〇ほどであった。

そうしたさなか、ミラノの北イタリア国民解放委員会は四月二五日、地下組織の会合を開き、蜂起委員会と戦犯法廷設置を決め、北イタリアの全反ファシストの一斉蜂起を発令するとともに、ファシスト首脳を裁く次の基本原則を確立した。

「ファシスト政府の閣僚ならびにファシズムの幹部は、憲法による保障の抑圧、大衆の自由の破壊、ファシスト体制の創設に手を貸し、国家の尊厳を危殆《きたい》に陥れ、かつ裏切った有罪、さらに国家を現在の破局に導いた有罪のため、死刑もしくは少なくとも強制労働の罪に処せられるべきである。」

これで、ムッソリーニはじめファシスト党首脳部の運命は決まった。戦後に第七代大統領となったサンドロ＝ペルティーニ（社会党）、ルイジ＝ロンゴ、エミリオ＝セレーニ（ともに共産党）、レオ＝ヴァリアーニ（行動党）らの首脳がこの決定を行った。バドリオ政権が四三年九月に連合軍と結んだ休戦協定では、ファシスト首脳の身柄は連合軍に引き渡すことになっていたが、ペルティーニらはイタリアの独立と尊厳、それに「ムッソリーニの戦争」がイタリアとイタリア国民を悲劇のどん底に陥れてしまったことを想えば、ファシズムそのものであったファシスト党首脳はイタリア人自らの手で屠《ほふ》るべきだとの一念に燃えていたのである。

ミラノからの逃亡の果てに

その前日、何も知らぬムッソリーニはファシスト首脳陣と共にガルダ湖畔を離れてミラノに向かった。和戦いずれにせよミラノに出る固い決意からであった。妻ラケーレは夫の前途に不吉な予感を覚えて思いとどまるよう訴えたが、ムッソリーニはそれを振り

ムッソリーニの逃亡経路　1945年
4月27～28日

切った。ミラノに出れば、突破口も開けるかも知れないとの思いもなくはなかった。そこは二六年前に初めて「戦闘ファッシ」を旗揚げしたファシズムゆかりの地でもある。

　到着した二五日の夕方、シューステル大司教邸で彼は国民解放委員会首脳との和平会談の機会を得た。市内ではファシスト軍とパルティザンとの交戦の銃声も聞えていた。中心部の広場では地下から躍り出たペルティーニが、市民に「一斉蜂起」を宣言し、自由イタリア万歳を大勢の市民と唱和していた。大司教邸での和平会談で、パルティザン側はムッソリーニに無条件降伏を突きつけた。しかもその席上、ムッソリーニはナチ親衛隊のヴォルフ将軍が連合軍との休戦交渉中との情報も大司教から知らされて驚愕《きょうがく》した。

「いったん帰って、八時頃もう一度来る」と宿舎の県庁に戻ったムッソリーニは、降伏したら処刑の可能性があるとの進言でそのまま部下の首脳陣とスイスへの脱出の途に着いた。途中、コモに立ち寄り、そこで妻宛の手紙を書く。

「愛するラケーレよ。余はいま、生涯の最終局面を迎えている。自分で書く本の最後のページになった。多分、われわれ二人はもう生きて再び会えないだろう。そこでこの手紙を書き、お前の許に送る。心ならずもお前に対してやってしまった間違った行為については、どうか許して欲しい。

分かっていると思うが、お前は余が心から愛した唯一人の女性だ。(以下略)」

一枚の便箋《びんせん》のこの手紙に日付けを入れ、署名して使者に持参させた。妻ラケーレは、高い教育こそ受けなかったが、良妻賢母の部類に属する内助の功の厚い人間であった。だからこそムッソリーニはその半生を思いのままに生きたのであろう。ほかに彼の人生を色濃く彩った女性達が、五人いたことが明らかになっているが、ムッソリーニが首相となってから相思相愛の仲となったのがクラレッタ＝ペタッチであった。三二年四月にローマ郊外で偶然出会ったのが馴れ初めだった。クラレッタが二〇歳、ムッソリーニが働き盛りの五〇歳を過ぎたばかりであった。以来、二人の仲は知る人ぞ知るロマンスに発展していった。

ムッソリーニは官邸ヴェネツィア宮の中にクラレッタ用の部屋までも設けた。妻ラケーレを〝私邸の妻〟だとすれば、クラレッタは〝官邸の妻〟だと人々は呼ぶようになる。そのクラレッタはムッソリーニがサロ政権を樹立後は、同じくガルダ湖畔で過ごした。そしていよいよ今度、ムッソリーニがスイス脱出に向かったと知るやあとを追い、コモ湖畔で統帥《ドゥチェ》一行に合流するという情愛の深い女性であった。だが周囲には一行を守るべきファシスト兵は一人もいなかった。あのファシズムはわずか三十余人のムッソリーニ信奉者だけの小さな集団に変わり果てていたのだった。

二七日未明、その小集団の前を退却中のナチ-ドイツ軍高射砲隊約二〇〇人の車列が通過する。ムッソリーニらはこれに同行を許されて安堵《あんど》の胸をなでおろした。だがそれも束の間、その早朝ドイツ軍の車列がドンゴ村に近づいた時、パルティザンのバリケードに阻まれて立往生した。ムッソリーニはドイツ軍伍長の軍服で変装していたが、取り調べのパルティザンに見破られて遂に他のファシスト党首脳とともに全員捕まった。翌二八日ムッソリーニは愛人クラレッタと一緒にジュリーノ―ディーメッツェグラのヴィラ―ベルモンテという別荘前の石塀を背に処刑された。時に午後四時一〇分。二人に銃弾を浴びせるに当たってそのパルティザン、ヴァレリオ大佐なる人物は「イタリア国民の名において処刑する」と死刑宣告を行った。

ファシズムの創始者ベニート＝ムッソリーニは、六一歳をもって、クラレッタと共に朱《あけ》に染まって倒れた。二二年にわたりイタリアに独裁を敷いた人物の末路であった。二人の遺体は別にドンゴ村役場前で処刑された党首脳らの遺体とともにミラノに運ばれ、前年の夏にパルティザンが処刑されたロレート広場で逆さ吊りにされた。復讐と報復そのものであった。こうして暴力をもって興《おこ》ったファシズムは、暴力によって倒されたのである。

パルティザンの死傷者

一九四六年にイタリア外務省は、「ドイツからの解放戦争へのイタリアの貢献」と題する文書で、パルティザンの戦死者三万五八二八人、戦傷者二万一一六八人と発表した。その後の調査でパルティザンの戦死傷者数はこれを上回ることが判明している。このほかドイツ軍の報復による一般市民の死者は約四万六〇〇〇人という民間調査もある。

また第二次大戦でのイタリア軍将兵の戦死者（傷病死者を含む）は二四万二二三二であった。この正規軍将兵の戦死者数と比較しても、パルティザンの戦死者三万五〇〇〇という数字の持つ意味は重い。イタリアにとってこの事実は、第二次大戦というものがファシズム対反ファシズムの内戦という側面を持っていたということが出来る。

イタリア社会運動

大戦終了一年半後の四六年一二月二六日、ムッソリーニを尊敬し、ファシズムを信奉する旧ファシスト党の流れを汲む人達がローマで「イタリア社会運動（Movimento Sociale Italiano ＭＳＩ）」**という政治グループを結成した。党首にはサロ政権時代の**対潜魚雷艇艦隊司令官で〝黒い侯爵〟の別名を持っていたイウニオ＝ヴァレリオ＝ボルゲーゼが、書記長にはサロ政権の国民文化相であったジョルジオ＝アルミランテが就任した。この運動結成に尽力したサロ政権の軍総司令官ロドルフォ＝グラツィアーニ元帥、旧ファシスト党ローマ支部長アルトゥーロ、ミケリーニらもそれぞれ新グループの要職についた。

党名の「運動」についても、ムッソリーニがかつて「ファシズムはあくまでも運動である」と規定したのに基づいてつけられ、綱領も当初は反共・反資本主義、反王制、そしてナショナリズムと、サロ政権の理念を継承していた点が注目された。

大戦直後はムッソリーニ時代への郷愁にも似た気持ちから党員になったものが多かったが、現在はそうした傾向は消え、南部に支持の多い王党と合併し、民族主義的色彩の濃い一部青年層や中産階級に支持者が目立つ。党員はほぼ一貫して三〇万人前後で、総選挙のたびに得票率六ないし七％

台を維持している。九二年春と九四年総選挙ではムッソリーニの孫に当たるアレッサンドラ＝ムッソリーニがＭＳＩから立候補し当選している。

特筆すべきは、そのＭＳＩが戦後半世紀にして政権与党の一角を占めるに至った点である。一九九二年以来のイタリア政財界の構造汚職摘発の結果、戦後政治を率いてきたキリスト教民主党、社会党をはじめ与党が軒並み失脚し、代わって〝手の汚れていない〟ＭＳＩや旧共産党をはじめ、新政党の「フォルツァ－イタリア」「北部同盟」などが有権者に押されて前面に出てきたためであった。

注目の一九九四年三月の総選挙ではＭＳＩを主軸とする「国民連合」は下院で一三・五％というかつてない得票率をあげ、第三党の地位を確保した。同党が八〇年代から穏健化をたどり、またかつてのムッソリーニの治政や人間味のある人柄が再認識されたということも党勢向上の理由とされた。

いずれにしてもこの「国民連合」と「フォルツァ－イタリア」「北部同盟」の三派による「右派連合」は総選挙で全体の四二・九％を確保し、同年一二月まで政権を担当したが、一九九五年一月のＭＳＩ党大会で、若き書記長ジャンフランコ＝フィーニは従来のネオ－ファシスト政党から脱皮し、広範な国民政党の「国民同盟」に発展改組することを宣言した。同党の基盤はいぜん右翼にあるが、その後の世論調査でも着実に支持率を増やしており、人間的に全否定されるヒトラーと対比してムッソリーニは、イタリアでは違った評価を受けていることを間接的に物語っている。

結び――ファシズム研究から得るもの

本書でこれまで述べてきたファシズムの形成過程とその政治体制について、以下、解説を兼ねて概略まとめてみる。

一九一九年三月のミラノでの「戦闘ファッショ」結成以来、ムッソリーニの一九二五年一月の挑戦的な議会演説までをファシズム形成期、それ以後一九三〇年ごろまでを体制確立期とみることが出来る。かつ一九二六、二七年のファシズム諸法規成立以来、第二次大戦参戦前の一九三〇年代は体制と国民の「Gli Anni del Consenso 1936~1939（合意の歳月）」とイタリアで呼ばれる時期を含めて、ファシズムの黄金期であった。

ムッソリーニ自身は「統帥《ドゥチェ》」と呼称され、ファシスト党の公式見解によると、総帥とは、①ファシズムの創始者、②文明社会の改革者、③イタリア国民の指導者、④帝国の創設者――を具現する人物と規定、その役職はファシズム大評議会議長、政府首班（首相）、党総裁、大元帥、ファシスト義勇軍総司令官――となっていた。そのうえ首相は重要閣僚ポストを兼任、最多の時期には八閣僚に及んだ。また統帥の任務についてはイタリア国民の労働と福祉の一層の向上を目指すものとされ、特に教育、政治、労組、スポーツなどの諸改革と再組織化をはかるとされていた。統帥の名にふさわしく、まさに権力を一身に集中した観がある。のちには〝神格化〟されたに近く、ファシスト党一党独裁というよりは実質的にはムッソリーニの個人独裁に等しかった。イタリアのようなモザイク調の多様性に富む国民を統治する彼の治政が、なんと二十余年も続いたこと自体、ひとつの驚異というほかはない。

しかしヨーロッパでは古代ローマ時代から、その後の封建君主時代、帝国主義時代などに見られるように歴史的に独裁者の君臨は珍しくなかった。イタリアの場合も古代ローマにおける名君シーザーが、紀元前四六年に元老院より「独裁官」に任ぜられて全権を掌握した。その故事にならって、一九二〇年代の波乱の時代にムッソリーニをシーザーに見立てて国民が彼に独裁者の地位を許したとしても不思議ではない空気があったことは否定出来ない。

ムッソリーニはこうして、ファシズムという全体主義の上に独裁者として君臨した。その近代的全体主義というものは、次の六条件を備えていた。①一党独裁、②軍事力（武装力）行使、③経済機構コントロール、④マスメディア支配、⑤秘密警察（治安警察）組織行使、⑥大衆動員組織の整備――である。これらにより国民全体を独裁体制の指向する方向に導こうとした。

ムッソリーニの目標とするところは、マルクシズムによる資本と労働の対立という基本概念を超えて、この二つを国民全体の繁栄と福祉向上のための一生産体の環とすることにあった。それは反資本主義、反社会主義であり、古代ローマの栄光の再現による新時代の創造であった。革命でもあり、マルクシズムからすれば反革命でもあった。

哲学者ショヴァンニ＝ジェンティーレの規定したファシズム理念によれば、その社会における個人とはひと言でいえば、「個々の人間は国家の求めるところに主体的、有機的に行動して参加する。それによってのみ、個人は国家とともに共通の〝場〟を持ち、存在理由を持ち得る」というものであった。ムッソリーニにすれば、〝それ以外の個人〟は、つまり体制を離れた個人主義者、自由主義者などは、棍棒で殴りつけて頭をたたき直さなければならない〝道理の分からない分からず屋〟だったのである。暴力という物理的支配の論理はこれであった。

ここには目的のためには手段を選ばないこともよく示されている。その象徴がマッテオッティ下院議員殺害事件であった。同じように、利用できるものはすべて利用するオポチュニスト的側面もあり、首尾一貫しないとの批判も強い。彼自身、最初は共和制、反教会主義、反資本主義などを唱えていたが、ある時に突然王制支持に向きが変わり、また強大なカトリック勢力の支持が欲しくなると法王庁と結んだ。そして資本家の財力により、ファシスト勢力の拡大に専念したのであった。

興味深いのは、自分を除名した社会党への変わらぬ未練がましさであった。党機関紙「アヴァンティ！」の編集長を罷免・除名されると、自分こそが真正の社会主義者として社会主義新聞「ポポローディターリア」を刊行し、晩年にはイタリア社会共和国を創り、「俺はとうとう社会主義国家を作った」と洩《も》らしたほどであった。妙なコンプレックスも持ち合わせていたのである。

彼はこれらの自家撞着や御都合主義には意を介せず、むしろ「ファシズムはその柔軟さのゆえに日に新たに発展する糧を得る」といい切るのであった。そこにはまた彼の自信、楽天主義、権力欲、御都合主義がのぞいていると解釈される。

右に述べたような彼の論理と性格は、当時の後発の資本主義国の宿命として対外的には帝国主義的領土拡張政策を伴ってくる。古代ローマの栄光の再現という夢は、当然、先発資本主義国による秩序への反発となった。つまり現状打破、新秩序建設のための衝突を生む結果となる。たまたま後発資本主義国という同じ境遇にある〝新参者〟同士のナチス-ドイツ、軍国主義国日本との同盟関係は、一九三〇年代においては決して偶然ではなかったといえる。ムッソリーニにとってはそのヒトラーとの提携が命取りとなった。

日本の軍国主義も「日本ファシズム」として若干触れておくと、戦時下に少年であった私の体験からすればイタリア以上に全体主義的社会であったようだ。今から思うと、イタリアのように自由な市民精神が全体主義に強制されていったのとは違って、日本では明治維新による天皇制に基づく富国強兵の高度封建制がすでに社会の隅々に深く浸透し、西欧的市民社会などというものは無きに等しかったからである。日常生活すべてが、「お国のため、お上《かみ》のため」で貫かれていた。

太平洋戦争中はそれが頂点に達し、私のいた群馬県の県立中学でも徴兵年齢（一九歳）に達する前から、折にふれ「君が代」と「海ゆかば」が歌われ、級友と「大君の辺《へ》にこそ死なめ　かえりみはせじ」と斉唱したものであった。級友だった何人かは少年航空兵としてすでに南海で戦死していた。中学では配属将校という軍人から軍事教練も受けた。「一突き必殺」の銃剣術を教えていたある陸軍中尉はのちに南方の占領地での残虐行為により戦犯として処刑されたと聞いている。そのアジア一帯は「天皇陛下の御稜威《みいつ》（威光）をあまねく輝かせる」という〝大東亜共栄圏〟であった。「お国のため」の合言葉で、日本ファシズムは自国民、他国民を問わず虐げていたといってよい。まだこの国で時おり耳にする「お国のため」などという言葉が、「国民みんなのため」にと言い換えられるようになるのはいつの日のことだろうか。

ヒトラーのナチズムはイタリアのファシズムよりむしろ日本のファシズムに近く、「超《ウルトラ》国家主義」であった。その特徴は機械のように緻密《ちみつ》でかつ無機的であったといえる。ムッソリーニのファシズムとの最大の相異点は、「神聖ローマ帝国」、「ドイツ帝国」に次ぐヒトラー＝ドイツの別名「第三帝国」の名が示す通りであった。ヒトラーのいう〝優秀な〟ゲルマン民族による覇権構想から生まれたイデオロギーである。ヒトラーはゲルマン民族を〝文明の創造者〟、ユダヤ人はその対極にある〝文明の破壊者〟だとし、前者の生存権と生活圏拡大を目指す一方で後者の一掃という政策を貫徹しようとした。こうしてナチズムは思想統制という人間の精神支配はおろか、人種差別ひいては特定人種の絶滅という異常なまでの政策を実行し続けた。

ヒトラーが一九二五年に創設した自らの親衛隊（Schutz-Staffen SS）がのちに戦闘部隊兼秘密警察として反体制者およびユダヤ人絶滅計画を実施し、ナチズムは〝SS国家〟ともいわれた。

これらと平行してナチス＝ドイツはゲルマン民族の純血と優秀な人種〝増産〟のため、一九三三年の優生法、三五年の婚姻健全法などにより優生学的な人口増加策をとり、ゲルマン人のユダヤ人との結婚を禁止するなどの措置をとった。

ムッソリーニの墓廟　プレダッピオ村。著者撮影

これらの点がナチズムとファシズムの思想的相異の根幹で、ヒトラーは第二次大戦中ムッソリーニに親衛隊創設と反ユダヤ計画を勧奨したが結局は受け入れられなかった。その意味ではムッソリーニはあくまで自らのファシズムを歩んだといえる。ムッソリーニを批判するイタリア人も、ムッソリーニが反ユダヤ主義で実際に手を汚していない点だけは、「彼はやはりイタリア人であった」と弁護するのである。

いずれにしても私の戦争中の体験からすれば、全体主義つまりファシズムは二度と御免である。自分の意志や運命を為政者のいうままにゆだねてしまうことは到底我慢ならないからである。なによりもまず一人ひとりの人権こそ、認め、認められるべきだからである。その意味ではナチスの人種論にいたっては、まさに人間に対する最大の罪悪であるといわねばならない。

この地球上には私と同じ意見の人が多いことと思う。

だが一方には、これとは反対の意見の人もいることも事実である。現実に全体主義的な政治手法をとっている国や政治指導者も少なくない。かつてムッソリーニのファシズムはさらにナチズムやスターリン主義を生み、第二次大戦後には新興独立国などのほか既存の諸国にもネオ－ナチズム、ネオ－ファシズムを生んでいる。それは大国、小国はもちろんイデオロギーの左右も問わない。

このような現実を長い歴史的な歩みという観点からみると、ファシズムの本質は人間の性《さが》の中にひそんでいるものであり、かつ統治手法・形態の一つということが出来よう。ある国が開発・発展を急ぐ時、また大変革を迫られた時、さらには外敵にさらされたり戦争の際などに容易に起こり得るものなのであろう。早い話、この瞬間にも貧困や飢餓のために、あるいは民族や部族間抗争のために、ファシズム的全体主義体制がとられ、人々の人権が犠牲を強いられている国もあることを我々は知っている。「やむを得ない事情なのだ」という人もいるかも知れないが、少なくとも人権という人間にとっての至上命題からすれば許されざることであり、一刻も早くそのような体制は改められなければなるまい。

歴史を学び二〇世紀の波乱に富んだ経験から、我々人間は二一世紀に生きるスローガンとして、「人権の尊重」「地球環境の保護」を叫んでいる。それは人間の輝かしい理性と叡知だと思わずにはいられないのである。それこそが人間の人間たるゆえんだからだ。繰り返しになるが、まともな人間だけが歴史から教訓を学びとり、よりよい明日を築く糧にすることができる。歴史を正視し、先人の言に耳を傾けるのもそのためである。

あの第二次大戦末期、日本では起こり得なかったのだが、同盟国イタリアではナチ-ドイツ軍とファシスト軍に立ち向かい、抵抗運動を敢行した老若男女のうち約五万人近くが〝戦死〟している。それら処刑された若いイタリア人の遺書のいくつかを『イタリア抵抗運動の遺書』より抜粋して紹介しておこう。

「親愛なる同志諸君へ
今度はぼく達の（処刑の）番だ。

きみ達は自分に課せられた任務を知っている。ぼくは死ぬ。だが理想は未来のなかで輝かしく、美しく、偉大に生き続けるだろう。

もしもきみ達が生きながらえたならば、このように美しいイタリアを、このように暖かい太陽に恵まれ、このように善良な母親達と愛らしい少女のいるイタリアを、いまの悲惨から立て直すことが、諸君の仕事なのだ。

ぼくの青春は打ち砕かれてしまった。しかし模範として役立つだろうとぼくは信じている。

ぼく達の屍《しかばね》の上に〈自由〉という大きな篝《かが》り火が燃えあがるだろう。


あなた方のジョルダーノ」


「（間もなく）イタリア全土が解放され、皆さんの戦列にひどい損害を与えたこの長い共同の戦いも終わるでしょう。そのときこそ、命も、空気も、光も、太陽も、戦いに勝利した喜びも、そしてかち取った自由の喜びも、皆さんのものです……仕合せになってください。さようなら……

皆に抱擁を。


皆さんのペードロ」

「間もなくぼくにも運命の時がやってきます。ぼくは平静で覚悟もできています。むしろぼくらの側のすぐれた人たちと同じ最後を遂げることを誇らしく思っているほどです。銃殺隊の前に立つとき、彼らに恥じないようにするつもりです。（後略）」

「（前略）あまりにも浅薄な考え方をして、ぼくたち自身を忘れてはならない。いかなる美辞麗句にも惑わされず、確認しよう、国家とは実はぼくたち自身であり、ぼくたちの仕事、ぼくたちの世界であるということ、国家の災難はすなわちぼくたちの災難だということを。現にぼくたちはぼくたちの国が陥ったはなはだしい悲惨のために苦しんでいるではないか。そのことを、もしもぼくたちがつねに肝に銘じていたならば、こんな事態になっただろうか？（後略）ジャーコモ」

ジョルダーノ＝カヴェストロさんは一八歳の学生で北イタリアのパルマ市地方で反ファシズムのパンフを発行、ペードロ＝フェッレイラさんは二三歳の陸軍将校ながらフリウーリ、ピエモンテ両地方でパルティザンの指揮をとっていた。そしてジャーコモ＝ウリーヴィさんも一九歳の大学生でアペニン山脈中やモーデナ地方でパルティザン活動に献身していた。いずれも不運にもナチ－ファシスト軍の捕虜となり、胸を張って銃口の前に立ったのだった。

この人たちを含む約五万近くのパルティザン〝戦死者〟は戦後、その処刑地や出身地に写真入りの碑銘で顕彰されている。半世紀を経たいまもそこには献花が絶えない。

一方、ムッソリーニの生地中部イタリアのプレダッピオ村では、かねてその生家を中心にムッソ

顕彰されているパルティザン　ボローニャ市庁舎の壁面にパルティザンの氏名と顔写真が掲げられている。著者撮影

リーニ記念館を造る計画があったが、死去五〇年に当たる一九九五年を機に正式に動き出した。旧共産党員の村長イヴォ＝マルチェッリ氏の提唱によるもので、「ムッソリーニの歩んだ道を、よくも悪くもきちんと理解することが必要」と超党派の事業としている。この記念館にはムッソリーニに関する文書が記念物、資料などを集めて一般公開し、内外のムッソリーニ、ファシズム研究家などへ便宜を計る計画だという。

パルティザン戦士への変わらぬ顕彰といい、ムッソリーニ記念館構想といい、いずれも歴史を直視するイタリアの姿勢を余すところなく示している。前掲のジャーコモ＝ウリーヴィ遺書に「国家とはぼくたち自身」というように、国家とは国民がいてはじめて成り立つ。つまり、「国のため」ということは、具体的な「国民のため」ということであらねばならない。往々にしてそれは、抽象的な「国のため」に使われて、国民は犠牲をこうむっている場合が多い。われわれは国や国民のことに関心を払いたい。無関心であるところにナチ－ファシズムが浸透してくることはかつての日本の軍国主義が実証している。これを二度と繰り返すまい。

あとがき

「人と思想」シリーズに、ベニート＝ムッソリーニを加えたいとの要請を受けたのは一九九二年五月のことであった。その際、清水書院の清水幸雄氏から、「ファシズムとはどういうものか」につき、若い世代の人達にも分かるようやさしく解説して欲しいとの注文も付けられていた。数日間、熟慮した挙句に結局は承諾したものの、実は二の足を踏んだというのが正直な告白である。

というのは、すべてを否定されているヒトラーと違い、少なくとも客観的にムッソリーニ研究を手掛ける地元イタリアはもちろん各国の専門家のムッソリーニ個人と彼の創始したファシズムについての評価は、「序にかえて」で触れた通りいくつにも分かれているからである。

しかし学問的にみた場合、ムッソリーニとファシズムについての肯定的要素と否定的要素の入り混じった論議はこのまま当分続くだろうし、二一世紀に入ってのちもまずは変わりはなかろうと想定される。そのうえファシズムがいぜん各国で生きている現在、ムッソリーニやそのファシズム研究は今後もさらに進められていくとすれば、この段階でムッソリーニの「人と思想」についてまとめておくことも意義があろうとの認識から、非才を顧みず筆をとることにしたことをここで申し上げておきたい。

これまた私事で恐縮だが、本書を書き進めながら、私はずっと自分の少年時代に想いを馳せていた。私は小学生の時、学校で連れていってくれた映画館のニュースフィルムで初めてムッソリーニの演説する姿を見た。そしてイタリアという国があることも知った。当時、「なんと美しいところなんだろう！」と、その映画でのナポリ、ヴェネツィア、それにアブルッツォの農村などのまばゆいばかりの風光に強い印象を受けた。その画面をいまも忘れてはいない。

その頃のＮＨＫラジオで「こちらローマです」で始まるイタリア便りも放送されており、番組の始めにきまってファシスト党歌「青春《ジオヴィネッツァ》」の曲が流れた。そのイタリア的な行進曲の旋律を私はすぐ覚えてしまい、いつも口ずさんではまだ見ぬイタリアへの憧れをつのらせていたものであった。もう五〇年余りも昔のことになる。日本は中国と戦争を続けており、また日本とイタリア、ドイツは同盟国という特別の関係で結ばれていた時代であった。

そうした時代の縁か、長じて第二次大戦中、私は東京外国語大学イタリア語科に入った。途中で軍隊にとられ一兵卒の非人間的生活も体験した。敗戦後に卒業と同時に、毎日新聞の記者になった。日本の軍国主義のあの狂気をこの国に再現させてはならないという気持ちからであった。それからの記者時代に幸いにもイタリアに留学し、またローマ特派員など幾度もイタリア暮らしの機会に恵まれた。その間、長年にわたり母校の教壇にも立って、後輩諸君とイタリア研究を重ね、その後は外務省専門調査員として在イタリア日本大使館で仕事をした。半生をイタリアと関わってきたことになる。

そうした度重なるイタリア暮らしの間、本業の合間をぬっては少年時代から関心を懐いたムッソリーニの時代につき、数え切れないくらい多くの人々に当時のことを聴き尋ねた。ジャーナリストや学者、有名無名の元ファシストや政敵に当たるパルティザン達……。そしてまたムッソリーニの生地プレダッピオ村の生家や墓所、ローマの彼の官邸や私邸、さらにコモ湖畔のジュリーノ＝デイ＝メッツェグラの処刑地点、その他ゆかりの場所を幾度となく訪ねた。四〇年近いその間のノート、メモ、写真類はかなりの量であった。最近はかつてのイタリアの記録フィルムのヴィデオも入手出来た。本書はそうしたイタリアでのフィールドワークと文献・史料調査を基にあの時代を思い描きながら、先入感を排しつつあくまで「事実」に忠実に記述したものである。枚数の限りもあり、書き切れないデータも多々あるが基本的なものは出来得る限り詰め込んだつもりである。

すでにこれまで、私は『ムッソリーニを逮捕せよ』（一九八九年新潮社刊、同文庫版は一九九三年講談社刊）、『誰がムッソリーニを処刑したか　イタリア・パルディザン秘史』（一九九二年講談社刊、同文庫版は一九九五年講談社刊）を書いた。前者は私が旧制中学時代に起こった第二次大戦でのイタリアの休戦秘史についてである。その背景は日本では全く知られていなかったことで、現地で初めて知った衝撃的な事実であった。「この戦争は早く中止した方がいい。国民が犠牲になるだけで、可愛想だ」と、まずムッソリーニを逮捕し、連合軍と休戦を結んだ若い将軍ジュゼッペ＝カステッラーノ将軍に関するドキュメントである。後者はファシズムに反対する老若男女によるパルティザンが、ムッソリーニを処刑してイタリアを自らの手でナチ－ファシズムから解放したこれもドキュメントである。いずれもあの大戦中、日本ではついぞ起きなかったことで、激しいカルチャーショックを受けた私の調査をまとめたものである。この二冊ともアメリカ議会図書館の蔵書にされている。

また訳書では『ムッソリーニの時代』（一九八七年文藝春秋刊）があり、原著者は「序にかえて」で触れたフランスのマクス＝ガロ氏。もともとニース大学歴史学教授で、ミッテラン大統領の下で広報担当国務相を務め、欧州議会議員でもあるジャーナリスト兼作家である。ドキュメンタリー作品を多くものし、この原著は私のイタリア現代史研究上、極めて有益であった。事実をあくまで重視するその手法を私は尊敬しており、本書を書くうえでも大きな示唆となった。

特にこのガロ氏に関していえば、筆者は氏から学ぶところが多く、かつ種々教示された。それだけに本書にも多くを引用させて頂いた。同様に本書には、イタリアの研究者達との交流から得たことも各所に使わせてもらった。この際、これら各位にあらためて謝意を表したい。

また、この本が形を整えるまでに、清水書院編集部徳永隆氏に並々ならぬ御世話を頂いたことに厚く感謝したい。

ムッソリーニ年譜

西暦	年齢	年譜	参考事項
一八八三		7・29、イタリア中東部ロマーニャ地方プレダッピオ村ドヴィアのヴェラーノ-ディ-コスタに生まれる。父アレッサンドロは社会主義思想に心酔した鍛冶屋、母ローザは村の小学校教師。	3・14、カール＝マルクス死去。 7・2、日本の官報第一号発行。
九二	9	10月、ファエンツァのサレジオ寄宿学校に入学。	8月、イタリア社会党結成。
九四	11	乱暴少年として、サレジオ寄宿学校より放校される。	8・1、日清戦争おこる(〜九五)。
九五	12	10月、フォルリンポポリ師範学校に入学。	3・25、イタリア、エチオピアに侵入。
九六	13	社会党に入党。	3・1、イタリア軍、エチオピアのアドワで惨敗。
一九〇〇	17		8・3、ヴィットーリオ＝エマヌエーレ三世即位。
〇一	18	1・28、オペラ界の重鎮ヴェルディ死去に際し、学校代表として弔辞朗読。 7月、フォルリンポポリ師範学校を優秀な成績で卒業するも、しばらく失業状態。	7・1、ノーベル賞創設。 11・19、イタリアとイギリス、スーダンとエリトリアとの境界協定に調印。
〇二	19	7・9、エミーリア地方での代用教員生活をやめ、スイ	レーニン、スイスでロシア語の

一九〇四	21	スに出国し放浪生活へ。各国の革命家と接触。 3・18、ロシアの女性革命家パラノーヴァと知り合い、革命思想を鼓吹される。	革命新聞を発行。 2・9、日露戦争おこる(〜〇五)。
〇五	22	1月、スイスで左翼分子として国外退去を求められたのち、各国を放浪して帰国。ヴェローナの狙撃兵連隊に入隊。 2・19、母ローザ死去。	1・1、旅順開城。 1・22、血の日曜日事件。ロシア革命の端緒となる。 9・5、ポーツマス条約調印。 12・23、ロシアで労働者蜂起。
〇六	23	9月、ヴェローナの連隊を除隊し、帰郷してフォルリ市を中心に社会主義思想の宣伝活動に乗り出す。	ロシアの革命の動きをうけ、イタリアにも革命思想拡大。
〇八	25	3月、北イタリアのオネリアで高校のフランス語教師になるも、「危険分子」の理由で間もなく解雇。帰郷。	愛国詩人ダンヌンツィオの「古代ローマ」への憧れをうたう諸作品が広く読まれる。
〇九	26	フォルリで、のちの妻ラケーレ＝グィディと知り合う。 北伊オーストリア領トレント地方のイタリア人居住者の労組書記の職を得、かねて「ポポロ」紙編集に携わる。編集長バッティスティの未回収地回復運動に共鳴。オーストリア政府より「煽動者」として追放される。	4・21、ローマ法王、近世思想の排斥の教書を発布。 10・26、伊藤博文暗殺される。
一〇	27	1月、ラケーレと結婚。フォルリ市の「ロッタ-ディ-クラッセ」紙(社会党新聞)の発行人兼編集人となる。 9・1、長女エッダ誕生。	2・15、ミラノでマリネッティの未来派主義者の集会が開かれ、「愛国主義」を提唱。

		10月、ミラノの社会党大会にロマーニャ支部代表で出席。 11月、父アレッサンドロ死去。	12月、イタリア＝ナショナリスト大会をフィレンツェで開催、「ナショナリスト協会」設立。
一九一一	28	9・28、伊土（リビア）戦争おこり、同志ピエトロ＝ネンニの反戦デモに参加して投獄。 10・5、イタリア軍、トリポリ占領。 11・5、イタリア、トリポリ・キレナイカ併合宣言。	3・27、イタリア統一50周年記念式典。ドイツでは軍備拡張5か年計画通過。 7・1、ドイツ海軍、モロッコ攻撃。
一二	29	3・12、出獄し、フォルリ市社会党員として頭角現す。 7・7、エミーリアでの社会党大会の代議員に。 10・18、ローザンヌ条約により、イタリアはトリポリ・キレナイカを植民地とする。 12・1、社会党機関紙「アヴァンティ！」の編集長に就任。ミラノに向かう。	7・30、日本、明治天皇死去、大正と改元。 10・17、オスマン帝国の敗北をきっかけに第一次バルカン戦争おこる。 11・5、ウィルソン、アメリカ大統領に当選。
一三	30	10月、総選挙に立候補するも落選（カトリック勢力の勝利）。	5〜8月、北イタリアの工業地帯で反政府デモ頻発。
一四	31	6・8、アンコーナでゼネストを警官隊が襲撃し、死傷者多数を出す（赤色週間）。 7・28、第一次世界大戦勃発。ムッソリーニは「中立」を表明。	6・28、サラエヴォ事件。 8・4、アメリカ、大戦に中立を宣言。 8・23、日本、対独宣戦布告。

		10・20、その後、参戦主義に転じて機関紙に参戦論を説き、編集長を解任される。「ポポロ・ディターリア」紙を創刊、社会党からも除名される（11・24）。	
一九一五	32	1・25、参戦主義者がミラノに会合し、「革命行動ファッシ」を創設。党員は間もなく五〇〇〇人に。 4・26、ソンニーノ外相、ロンドンで英・仏・露三国と、イタリアの連合国側に参戦した場合はイタリアの領土的要求に応ずるとするロンドン密約に調印。 8・31、出征して前線に。	1・19、ドイツの飛行船がロンドン初空襲。 2・25、ドイツ軍、毒ガス使用。 5・24、イタリア、オーストリアに宣戦布告。8・21、オスマン帝国に宣戦布告。
一六	33	9・27、長男ヴィットーリオ誕生。	2・21、ヴェルダン攻防戦。 8・26、イタリア、対独宣戦。
一七	34	2・23、迫撃砲暴発事故で重傷を負い入院。 8月、退院してジャーナリズムに復帰。	3・15、ロシア二月革命。 4・6、アメリカ、対独宣戦。 11・8、ロシアにソヴィエト政府樹立。
一八	35	11・3、イタリア軍、ヴィットーリオ・ヴェネトで大勝し、オーストリアと休戦。	11・9、ドイツ革命。 11・11、ドイツ降伏。大戦終結。
一九	36	3・23、ムッソリーニ、ミラノで同志を集め、「イタリア戦闘ファッシ」を結成。復員軍人の諸要求を支持するとともに、共和制、農民への土地分配、労組による工場管理などを提唱。	1・18〜6・28、パリで対ドイツ講和会議。 3・2、モスクワでコミンテルン結成。

		4・15、「戦闘ファッシ」が、大戦後の経済混乱や失業者増大に抗議する社会党指導のゼネストを襲撃し、同時に「アヴァンティ！」紙本部を焼打ちするなど、組織的暴力に乗り出す。 6・28、ヴェルサイユ条約調印。イタリアに領土的不満高まる。 9・12、愛国詩人ダンヌンツィオ、約千人の義勇兵を率い、領土要求のためにフィウーメ市占拠。	7・31、ドイツ国民議会、ワイマール憲法採択。 11・15、国際連盟第一回総会（発足は二〇年1月）。
一九二〇	37	11・12、ラパッロ条約でフィウーメ市を含むイストリア半島のイタリア帰属決定。	イタリア国内で大戦結果への不満や失業者増大で社会不安。
二一	38	1・20、リヴォルノでの大会で社会党分裂。左派は共産党を結成（1・21）。 5・15、総選挙でムッソリーニら35人のファシストが当選。社会党が伸び、自由主義勢力後退。 11・7、ローマでファシストが会合し、全国ファシスト党を結成。	6・24、ドイツ‐マルク大暴落。 7・29、ヒトラー、ナチス党の党首に。 11・12、ワシントン海軍軍縮会議開催（～二二年2月）。アメリカの国力増大を反映。
二二	39	10・24、ナポリでファシスト党大会を開催。ムッソリーニ、政権掌握を決意。 10・28、「ローマ進軍」開始。翌日、国王はムッソリーニへの首班指名を決意。 10・30、ムッソリーニ、ローマでファシスト政権を樹立。	4・3、スターリン、ソ連共産党書記長に就任。 12・30、ソヴィエト社会主義共和国連邦（USSR）成立。

一九二三	40	1・13、ムッソリーニ、ファシスト義勇軍とファシズム大評議会を創設。これにより反ファシスト議員、社会主義者らの弾圧を強化。 7・15、25%を得票した政党・グループに下院議席の3分の2を与えるという改定選挙法を可決し、独裁体制へ踏み出す。	9・13、スペインで保守派のクーデタ成功（～三〇）。 11・8、ヒトラーがミュンヘンでクーデタを起こすが鎮圧され、逮捕される。
二四	41	4・6、総選挙でファシスト党が三五六議席の圧勝。 6・10、総選挙の欺瞞を指摘した社会党マッテオッティ議員が殺害される。 7・1、新聞検閲制へ。 8・16、マッテオッティ議員の遺体発見。事件の背後にムッソリーニの指金との疑惑が高まるが、強行突破。	1・21、レーニン死去。 2・12、イタリア共産党機関紙「ウニタ」創刊。 11・12、ニューヨークで株式ブームおこる。
二五	42	1・3、反体制派弾圧のため立憲政治の事実上廃止を発表。反体制派の国外脱出始まる。 1・6、ファシスト内閣成立。 11・5、元社会党員のムッソリーニ暗殺計画発覚。	4・22、日本、治安維持法公布。 4・26、ドイツ大統領にヒンデンブルクが当選。 12・1、ロカルノ条約調印。
二六	43	2・4、公選の地方自治体首長を廃止し、ファシスト党による任命制に。 9・11、ムッソリーニ暗殺未遂事件続発（10・31にも）。 11・7、国家防衛法を施行し、反体制新聞とファシスト党以外の政党を禁止し、特別裁判所、秘密警察（OV	5・29、日本、学生の社会科学研究を禁止。 12・22、フランス・ドイツのザール国境協定成立。 12・25、日本、大正天皇死去、

		RA）を創設。独裁制の法的根拠となる。 11・8、グラムシら共産党の政治家多数を逮捕。 12・29、社会党指導部、国外に移る。	昭和と改元。
一九二七	44	1・4、イタリア労働総同盟解散。 4・30、ファシスト労働憲章公布。 4月、亡命政治家、フランスで反ファシスト連合結成。 4月、三男ロマーノ生まれる。	3・15、日本で金融恐慌おこる。
二八	45	2・11、ファシスト義勇軍を正規軍に編入。 5・17、選挙法を再改定し、ファシスト党作成の名簿を有権者に賛否を問う制度とする。 11・15、ファシズム大評議会が国家の正式機関として承認される。ムッソリーニの独裁確立。	6・29、日本、治安維持法を改定し、死刑・無期刑を追加。 7・1、特別高等警察設置。 8・27、パリ不戦条約調印。
二九	46	2・11、ヴァチカンとの間にラテラーノ条約を締結し、イタリア統一以来のローマ法王庁との断絶関係に終止符を打つ。この和解は国民の歓迎を受ける。 3・24、新選挙法での総選挙実施。全議席をファシスト党が占める。 7・27、反ファシストのカルロ＝ロッセッリら流刑地から脱出。パリで「正義と自由」派結成へ。	7・24、アメリカで46ヵ国が参加し、不戦条約宣布式行う。 8月、ドイツの飛行船ツェッペリン号、世界一周に成功。 10・24、ニューヨーク株式市場で大暴落。世界恐慌始まる。
三〇	47	4・25、長女エッダ、ガレアッツォ＝チアーノ伯と結婚。	9・14、ドイツ総選挙でナチス党一〇七議席に躍進。

一九三一	48	2・3、ムッソリーニ暗殺未遂事件おこる。	9・18、柳条湖事件、満州事変勃発。
三二	49	12・31、実弟アルナルド死去。 ファシスト革命10周年祝賀記念行事を各地で開催。	1・28、上海事変勃発。 5・15、五・一五事件おこる。
三三	50	4・24、法王庁の医師の娘クラレッタ＝ペタッチと初めて会い、以後親交を深めていく。 1月、IRI（産業復興公社）設立。 7・15、ムッソリーニ、ヒトラーを警戒し、フランス・イギリス・ドイツと相互不可侵を取り決めた四国協定を調印。 8月、ムッソリーニ、オーストリア首相ドルフュスと数次にわたり会談、対独対策を協議。	1・30、ヒトラー政権誕生。 3・5、ドイツ総選挙でナチス大勝。 3・27、日本、国際連盟脱退。 5・2、ヒトラー、労働組合を禁止。 10・14、ドイツ、国際連盟とジュネーヴ軍縮会議脱退。
三四	51	2・5、協調組合法公布。 6・14〜15、ムッソリーニ、ヒトラーと初会談（ヴェネツィア）。 7・25、オーストリア国内のナチス蜂起、ドルフュス首相を暗殺。ムッソリーニ、国境に派兵してヒトラーを牽制。 12・5、イタリア軍、ワルワルでエチオピア軍と衝突。	1・26、ドイツ・ポーランド不可侵条約調印。 6・30〜7・2、ヒトラー、ナチス党内の反対派粛清。 8・2、ヒトラー、総統に。 8・17、イタリアの社共両党、パリで統一協定。
三五	52	1・7、イタリア・フランス協定調印。ナチス‐ドイツ	1・31、ザール人民投票、ドイ

		に対する共同戦線樹立と、イタリアのエチオピアでの行動の自由を保証する密約であった。 3・16、ドイツ、パリ平和条約の軍事条項を廃棄、徴兵制度復活。 4・11、イタリア、イギリス・フランスとともに北伊ストレーザでドイツの再軍備を非難。 10・3、イタリア、エチオピア侵攻開始。 11・18、国際連盟、イタリアへの経済制裁を発動。 12・18、イタリア国民が結婚指輪を献納。	ツ復帰決定。 2・24、日本・イタリア間のラジオ交換放送成功。 5・2、仏ソ相互援助条約調印。 6・18、英・独海軍協定調印。 7・14、フランス、人民戦線結成。 11・18、ロンドンで第二次軍縮会議。
一九三六	53	5・9、ムッソリーニ、エチオピアを併合し、イタリア帝国成立を宣言。国民的人気高まる。 7・18、スペインに内戦おこり、ドイツとともにフランコ将軍の反乱軍支援に乗り出す。 10・24、チアーノ、ヒトラーを訪問、ローマ－ベルリン枢軸を樹立。政治・軍事提携体制へ。 11・18、ドイツとともにスペインのフランコ政権を承認。内戦は拡大。	2・19、スペインに人民戦線内閣成立。 2・26、日本、二・二六事件。 3・7、ナチス、ラインラント進駐。 9・9、ナチス党大会。 11・25、日独防共協定締結。
三七	54	4・26、ドイツ空軍、スペインのゲルニカを盲爆。 4・27、グラムシ、約10年の獄中生活ののち死去。 6・11、反ファシストのロッセッリ兄弟、フランスで暗殺される。	7・7、中国の蘆溝橋で日中両軍が衝突し、日中戦争勃発。 8・8、日本軍、北京に入城し戦火拡大。

		9・24、ムッソリーニ、ベルリンを訪れヒトラーと会談（~9・29）。ナチス軍国主義に感嘆。 11・6、日独防共協定に加盟。 12・11、国際連盟を脱退。	9・13、中国政府、日中紛争を国際連盟に提訴。 12・13、日本軍、南京を占領。大虐殺事件おこす。
一九三八	55	3・30、ムッソリーニ、大元帥に。 5・3~9、ヒトラー、ローマ訪問。 9・12、ヒトラー、チェコのズデーテン地方のドイツ人の自決権を主張。 9・29、ミュンヘンで、イギリス・フランス・ドイツ・イタリア四国首脳会談が開かれ、ズデーテンのドイツ割譲承認の協定成立（9・30）。会談のイニシアティヴをとったムッソリーニは「戦争を回避した」と国民の歓呼のうちに帰国する。	1・31、スペインのフランコ将軍、国民政府を組織。 2・14、ロンドンで国際反侵略大会、中国援助を決議。 3・13、ドイツ、宿願のオーストリアを併合。 4・1、日本、国家総動員法公布。 7・11、日ソ間で張鼓峰事件。
三九	56	4・7、イタリア、アルバニアを併合。 5・22、ヒトラーとチアーノがベルリンで鉄鋼条約（軍事同盟）締結。 9・1、ドイツ軍、ポーランドに電撃侵攻し、第二次世界大戦勃発。ムッソリーニは一応、中立を宣言。 9・3、フランス・イギリス、ドイツに宣戦布告。 9・5、アメリカは中立を声明。	1・6、ドイツ、日本に防共協定の軍事同盟切り替え提案。 3・28、マドリード陥落、スペイン内戦が終結。 5・11、ノモンハン事件。 8・23、独ソ不可侵条約調印。 9・4、日本、欧州大戦に不介入を声明。

一九四〇	57	3・18、ムッソリーニ、ヒトラーとブレンネロで会談。 5・10、ドイツ軍、オランダ・ベルギーにも進撃し、背後からフランスに侵入。 6・10、ムッソリーニ、イギリス・フランスに宣戦布告。フランス、ついで北アフリカに進撃。 6・14、ドイツ軍、パリ入城し、フランス降伏（6・25）。 6・25、フランス軍、イタリアに降伏調印。 9・27、日本・ドイツ・イタリア三国軍事同盟締結（のちにハンガリー、ルーマニア、スロヴァキアも加盟）。 10・28、イタリア軍、ギリシアにも侵攻。	1・26、日米通商条約失効。 9・23、日本軍、フランス領インドシナに進駐。 10・12、日本、大政翼賛会発足。 11・10、紀元二六〇〇年記念式典。 12・18、ヒトラー、対ソ戦の準備指令。 12・29、ルーズヴェルト大統領、アメリカが民主主義諸国の兵器廠となる旨を発表。
四一	58	4・3、エチオピア、イギリス軍に占領され、ムッソリーニに大打撃。 6・2、ムッソリーニ、ヒトラーとブレンネロで会談。 6・22、ドイツ軍、ソ連国境を突破し進撃。独ソ戦始まる。イタリアも対ソ宣戦。 9・27、イタリア、パン配給制に（1日5オンス）。 12・11、日本の対アメリカ、イギリス宣戦布告により、ドイツとともにアメリカに宣戦。 12・22、チャーチル、ルーズヴェルト、ワシントンで戦争指導会議（～四二年1・14）。	4・13、日ソ中立条約調印。 5・6、スターリン、ソ連首相に就任。 7・25、アメリカ、在米日本資産凍結。イギリス・オランダも続く 8・12、大西洋憲章発表。 10・18、東条英機内閣成立。 12・8、日本、対米、英に宣戦。ハワイ真珠湾攻撃。
四二	59	4・20、ムッソリーニ、ヒトラーとザルツブルクで会談。	1・2、日本軍、マニラを占領。

一九四三

60

6・21、北アフリカの要衝トブルクを枢軸軍が占領。

10・23、イギリス軍、北アフリカの要衝エルアラメイン攻撃を開始し、反撃に転じる。

11・8、アイゼンハワー指揮下のアメリカ軍、北アフリカに上陸。

12・8、イタリア、国有化企業施設を軍事化し、戦争体制を強化。


1・14、ルーズヴェルト、チャーチルがカサブランカで首脳会談。ドイツへの無条件降伏要求を決定（～24）。

3・5～4・2、北イタリアの工業都市で反ファシストのストライキ続発。

7・10、連合軍、シチリア島上陸。

7・19、北伊フェルトレでムッソリーニ・ヒトラー会談。連合軍、ローマ空襲。

7・24、ファシズム大評議会を開催。ムッソリーニの統帥権の国王返還決議、賛成19、反対7、棄権2で可決。

7・25、国王、参内のムッソリーニを解任し逮捕監禁。バドリオ元帥を後継首相に任命。


2・15、シンガポール占領。

4・18、アメリカ軍、東京・名古屋・神戸を初空襲。

6・5、ミッドウェー海戦で日本軍大敗北。

6・11、米ソ相互援助条約調印。

12・2、シカゴ大学で原子核分裂の連鎖反応実験に成功。

12・31、日本軍、ガダルカナル島撤退。


1・23、北アフリカの重要拠点トリポリ、連合軍が占領。

2・3、ドイツ軍、スターリングラードで敗北。敗走へ。

4・18、山本五十六元帥、ソロモン上空で戦死。

5・12、枢軸軍、北アフリカ戦線で敗北。

5・29、日本軍、アッツ島の守備隊玉砕。

8・14、ルーズヴェルト、チャ

		7・28、ファシスト党に解散命令。 9・3、参謀本部カステッラーノ准将、バドリオの指示で極秘裡にシチリア島で連合軍と休戦協定調印。連合軍、カラーブリア上陸。 9・8、午後7時半、バドリオ首相は連合軍との休戦成立を正式に発表、国民は大歓迎。地下の反ファシズム勢力が公然と活動開始。ドイツ軍、首都ローマ以北を占領へ。 9・9、連合軍、サレルノ上陸。ローマで国民解放委員会結成。国王と政府、南伊のブリンディシに移る。 9・12、アペニン山脈中のグラン-サッソに幽閉中のムッソリーニをナチ親衛隊が奇跡的に救出。身柄をドイツに移送。 9・23、ムッソリーニ、北伊ガルダ湖畔にヒトラーの傀儡政権イタリア社会共和国樹立。バドリオ政権と並立。 9・28、ナポリで市民とドイツ軍が交戦し、ドイツ軍降伏（「ナポリの四日間」）。 10・13、バドリオ政権、ドイツに宣戦布告。 10・16、チアーノ、ドイツ軍に逮捕される。	ーチルの第一回ケベック会談。 11・22〜27、米英中のカイロ会談。日本への無条件降伏要求決定。 11・28〜12・1、米英ソのテヘラン会談。ソ連の対日参戦などを協議。 12・1、日本、最初の学徒出陣。 12・24、日本、徴兵年齢の一年引き下げを発表。
一九四四	61	1・11、チアーノらファシスト党の反逆者5人銃殺刑に処せられる（ヴェローナ裁判）。	1・14、ソ連軍、レニングラードでドイツ軍に大反撃。

一九四五

1・22、連合軍、ローマ南方のアンツィオに上陸。

1・28、国民解放委員会、バーリで第一回大会開催。

3・23、ローマのラセッラ街で反ナチ－ファシストがナチス親衛隊33人を爆殺。翌日、ドイツ軍は報復としてイタリア市民335人をローマ郊外アルデアティーネで大量処刑。

4・15、親ファシストの哲学者ジェンティーレ、フィレンツェでパルティザンに殺害される。

4・24、第2次バドリオ内閣成立（共産党のトリアッティ入閣）。

6・4、米軍主力の連合軍、ローマ入城、首都解放。

6・5、国王ヴィットーリオ＝エマヌエーレ三世、皇太子ウンベルト二世を摂政に。

6・8、バドリオ政権総辞職。国民解放委員会議長ボノミが政府首班に。

8・22、フィレンツェ、パルティザンによる解放ののち、連合軍入城。以後、主要都市が解放され、ドイツ軍を北に追撃。

3月、ムッソリーニ、ミラノ大司教シューステルを通じて和平打診。

4・17、ムッソリーニ、ガルダ湖畔からミラノへ移動。


2・1、アメリカ軍、マーシャル群島上陸。日本軍玉砕。

6・6、連合軍、ノルマンディに上陸。

6・15、ドイツ・ロケットV1号でロンドン攻撃。

7・18、東条内閣総辞職。7・22、小磯国昭内閣成立。

7・20、ヒトラー暗殺未遂事件発生。

8・1、ポーランドで反ドイツ一斉蜂起。

8・4、日本、学童疎開始まる。

8・20、パリ解放。

10・25、神風特別攻撃隊、レイテ沖で初めて米艦に攻撃。

11・24、マリアナ基地の米軍B29約70機が初の東京空襲。

3・10、B29の東京大空襲。

3・17、硫黄島の日本軍玉砕。

4・1、米軍、沖縄本島に上陸。

4・24、北イタリア国民解放委員会、全面蜂起を宣言。

4・25、ムッソリーニ、ミラノで解放委首脳と直接交渉したが、夜、スイス国境に向けて脱出。

4・27、ムッソリーニ、クラレッタ＝ペタッチとともにコモ湖畔ドンゴでパルティザンに逮捕される。

4・28、ムッソリーニ、ペタッチともにパルティザンにより処刑され、遺体はミラノ市内に運ばれて逆さ吊りに。連合軍、ミラノ到着。

4・30、ヒトラー自殺。

5・2、在イタリアのドイツ軍、全面降伏。

5・7、ドイツ軍、連合国への無条件降伏文書に署名。

6・19、国民解放委員会首脳パッリが戦後の新内閣の組閣。

7・15、対日宣戦布告。

12・10、キリスト教民主党デ＝ガスペリ、社会党、共産党などとの連立内閣組閣。


4・5、小磯内閣総辞職。4・7、鈴木貫太郎内閣成立。

4・12、ルーズヴェルト死去。トルーマン、大統領に昇格。

4・22、ソ連軍、ベルリン突入。

7・17、米英ソ首脳、ポツダム会談。日本の無条件降伏、ドイツ・日本の戦後処理を協議。

8・6、広島に原爆投下。

8・8、ソ連、対日参戦。

8・9、長崎に原爆投下。

8・14、日本、ポツダム宣言受諾。翌日、無条件降伏を発表。

10・24、国際連合成立。

一九四六

5・9、ウンベルト二世、正式に即位。

6・2、政体決定の国民投票で共和制支持が勝利。王室は国外に亡命。6・5、共和国を宣言。

7・25、臨時大統領にデ＝ニコラを選出。

12・26、ムッソリーニの旧イタリア社会共和国の生き残

1・1、天皇の人間宣言。

1・10、国連第1回総会開会。

3・5、チャーチル、反ソ反共の「鉄のカーテン」演説。東西両陣営の冷戦開始を告げる。

一九四七		り幹部、ローマでイタリア社会運動（MSI）を結成。 2・10、パリで対イタリア平和条約調印。7・31、批准。 12・22、共和国憲法成立（四八年1月1日発効）。	3・12、対ソ封じ込めのトルーマンードクトリン発表。 5・3、日本国憲法施行。
一九九四		3・27～28、イタリア社会運動（MSI）は右翼のフォルツァーイタリア（がんばれイタリア）、北部同盟と右派連合を組んで総選挙に臨み、勝利をおさめて約半世紀ぶりに右派連立政権に加わる。 12月末、フォルツァーイタリアのベルルスコーニ首相の汚職容疑などで戦後初の右派連立内閣総辞職。	
九五		1・17、政党色のないディーニ新内閣、発足。 1・25～28、MSI党大会でファシズムーイデオロギーと訣別し、「国民同盟」の名称で右派政党として再発足。	

参考文献

●主要文献

P.Badoglio ; L'Italia nella seconda Guerra Mondiale, 1946, Mondadori.
R.Battaglia ; La Seconda, 1953, Riuniti.
R.Battaglia ; Storia della Resistenza Italiana, 1953, Einaudi.
S.Bertoldi ; Contro Salō, 1984, Bonpiani.
G.Bianchi／F.Mezetti ; Mussolini aprile '45 : L'epilogo, 1985, Nuova.
G. Bocca ; Storia Dell'Italia Partigiana, 1995, Mondadori.
W.Churchill ; The Second World War, 1950, Cassell.
G.Ciano ; Diario 1937-1943, 1980, Rizzoli.
M.S.Davis ; Who Defends Rome?, 1972, George Allen & Unwin.
C.F.Delzell ; Mussolini's Enemy, 1961, Prinston Univ. Press.
R.Gervaso ; Claretta, 1982, Rizzoli.
A.Giovannini ; 8 Settembre 1943, 1974, Ciarrapico.
L.Goldoni／E.Sermasi ; Benito contro Mussolini, 1993, Rizzoli.
D.Grandi ; 25 Luglio. Quanarant' anni Dopo, 1983, Il Mulino.
Sir I.Kirkpatrick ; Storia di Mussolini, 1964, Longanesi.
N.Kogan ; Italy & Allies, 1951, Harvard Univ. Press.

P.Monelli ; Roma 1943, 1979, Mondadori.
Montanelli-Cervi ; L'Italia della Guerra Civile, 1983, Rizzoli.
I.Montanelli ; Il Buonuomo Mussolini, 1947, Riunite.
B.Mussolini ; My Autobiography, 1928, R.Child:Hutchingson Co.
B.Mussolini ; Strori a di un anno, 1944, Mondadori.
R.Mussolini ; La mia vita con Benito, 1948, Mondadori.
V.Mussolini ; Mussolini, Ciarapico.
A.Petacco ed. ; Storia del Fascismo, vol.1—6, 1984, Armando Curcio.
A.Polcri ; Le Cause della Resistenza Italiana, 1977, Isedi.
L.Preti ; Mussolini Giovane, 1982, Rusconi.
G.Salvemini ; The Origins of Fascism in Italy, 1973, Harper & Row.
D.M.Smith ; Mussolini, 1983, Granado.
B.Spampanato ; Contromemoriale, 1974, Centro Editoriale.
A.Spinosa ; Mussolini il Fascino di un Dittatore, 1989, Mondadori.

●新聞・雑誌

Historia, Il Messaggero, Oggi, La Rapubbrica, La Stampa, Storia Illustrate, Il Tempo, L'espresso, Civitas, Conrriere della Sera

●翻訳および日本語文献

デ＝フェリーチェ　「ファシズム論」　藤沢道郎・本川誠二訳　――　平凡社　一九七三

フォルミキ「日本とイタリア」――日伊協会　一九四一
森田鉄郎・重岡保郎「イタリア現代史」――山川出版社　一九七七
延島英一「伊太利　西班牙　葡萄牙　社会運動史」――解放社　一九三一
ピエトロ「伊太利史」東又清訳――興風館　一九四二
トニオーロ「イタリア　ファシズム経済」浅井良夫・モルティィーニ訳――名古屋大学出版会　一九九三
山崎功「現代イタリア史」――岩波書店　一九五五
P・マルヴェッツィ、G・ピレッリ編「イタリア抵抗運動の遺書」河島英昭他訳――冨山房　一九八三
ガロ「ムッソリーニの時代」木村裕主訳――文藝春秋　一九八七
木村裕主「ムッソリーニを逮捕せよ」――新潮社　一九八九
(同文庫版　講談社　一九九三)
木村裕主「誰がムッソリーニを処刑したか」――講談社　一九九二
(同文庫版　講談社　一九九五)

さくいん

【人　名】

【事　項】

【地　名】

ムッソリーニ■人と思想130　　定価はカバーに表示

1996年３月25日　第１刷発行©
2015年９月10日　新装版第１刷発行©
2020年６月25日　新装版第２刷発行

・著　者　……………………………木村《きむら》　裕主《ひろし》
・発行者　……………………………野村　久一郎
・印刷所　……………………………広研印刷株式会社
・発行所　……………………………株式会社　清水書院

〒102-0072　東京都千代田区飯田橋3-11-6
Tel・03(5213)7151～7
振替口座・00130-3-5283
http://www.shimizushoin.co.jp

検印省略
落丁本・乱丁本は
おとりかえします。

Century Books

Printed in Japan
ISBN978-4-389-42130-4

Century Books

清水書院の〝センチュリーブックス〟発刊のことば

近年の科学技術の発達は、まことに目覚ましいものがあります。月世界への旅行も、近い将来のこととして、夢ではなくなりました。しかし、一方、人間性は疎外され、文化も、商品化されようとしていることも、否定できません。

いま、人間性の回復をはかり、先人の遺した偉大な文化を継承して、高貴な精神の城を守り、明日への創造に資することは、今世紀に生きる私たちの、重大な責務であると信じます。

私たちがここに、「センチュリーブックス」を刊行いたしますのは、人間形成期にある学生・生徒の諸君、職場にある若い世代に精神の糧を提供し、この責任の一端を果たしたいためであります。

ここに読者諸氏の豊かな人間性を讃えつつご愛読を願います。

一九六七年

SHIMIZU SHOIN

【人と思想】 既刊本

老子	高橋 進
孔子	内野熊一郎他
ソクラテス	中野 幸次
釈迦	副島 正光
プラトン	中野 幸次
アリストテレス	堀田 彰
イエス	八木 誠一
親鸞	古田 武彦
ルター	小牧 治 泉谷周三郎
カルヴァン	渡辺 信夫
デカルト	伊藤 勝彦
パスカル	小松 摂郎
ロック	浜林正夫他
ルソー	中里 良二
カント	小牧 治
ベンサム	山田 英世
ヘーゲル	澤田 章
J・S・ミル	菊川 忠夫
キルケゴール	工藤 綏夫
マルクス	小牧 治
福沢諭吉	鹿野 政直
ニーチェ	工藤 綏夫
J・デューイ	山田 英世
フロイト	鈴村 金彌
内村鑑三	関根 正雄
ロマン=ロラン	村上 嘉隆 村上 益子
孫文	横山 英 中山 義弘
ガンジー	坂本 徳松
レーニン（品切）	中野 徹三 高岡健次郎
ラッセル	金子 光男
シュバイツァー	泉谷周三郎
ネルー	中村 平治
毛沢東	宇野 重昭
サルトル	村上 嘉隆
ハイデッガー	新井 恵雄
ヤスパース	宇都宮芳明
孟子	加賀 栄治
荘子	鈴木 修次
アウグスティヌス	宮谷 宣史
トーマス・マン	村田 經和
シラー	内藤 克彦
道元	山折 哲雄
ベーコン	石井 栄一
マザーテレサ	和田 町子
中江藤樹	渡部 武
ブルトマン	笠井 恵二
本居宣長	本山 幸彦
佐久間象山	奈良本辰也 左方 郁子
ホッブズ	田中 浩
田中正造	布川 清司
幸徳秋水	絲屋 寿雄
スタンダール	鈴木昭一郎
和辻哲郎	小牧 治
マキアヴェリ	西村 貞二
河上肇	山田 洸
アルチュセール	今村 仁司
杜甫	鈴木 修次
スピノザ	工藤 喜作
ユング	林 道義
フロム	安田 一郎
マイネッケ	西村 貞二
エラスムス	斎藤 美洲
パウロ	八木 誠一
ブレヒト	岩淵 達治
ダンテ	野上 素一
ダーウィン	江上 生子
ゲーテ	星野 慎一
ヴィクトル=ユゴー	辻 昶 丸岡 高弘
トインビー	吉沢 五郎
フォイエルバッハ	宇都宮芳明

ラス＝カサス	染田秀藤
吉田松陰	高橋文博
パステルナーク	前木祥子
パース	岡田雅勝
南極のスコット	中田修
アドルノ	小牧治
良寛	山崎昇
グーテンベルク	戸叶勝也
ハイネ	一條正雄
トマス＝ハーディ	倉持三郎
古代イスラエルの預言者たち	木田献一
シオドア＝ドライサー	岩元巌
ナイチンゲール	小玉香津子
ザビエル	尾原悟
ラーマクリシュナ	堀内みどり
フーコー	今村仁司 栗原仁
トニ＝モリスン	吉田廸子
悲劇と福音	佐藤研
リルケ	星野慎一 小磯仁
トルストイ	八島雅彦
ミリンダ王	森祖道 浪花宣明
フレーベル	小笠原道雄
ヴェーダからウパニシャッドへ	針貝邦生
ベルイマン	小松弘
アルベール＝カミュ	井上正
バルザック	高山鉄男
モンテーニュ	大久保康明
ミュッセ	野内良三
ヘルダリーン	小磯仁
チェスタトン	山形和美
キケロー	角田幸彦
紫式部	沢田正子
デリダ	上利博規
ハーバーマス	小牧治 村上隆夫
三木清	永野基綱
グロティウス	柳原正治
シャンカラ	島岩
ハンナ＝アーレント	太田哲男
ミダース王	西澤龍生
ビスマルク	加納邦光
オパーリン	江上生子
アッシジのフランチェスコ	川下勝
スタール夫人	佐藤夏生
セネカ	角田幸彦
ペテロ	川島貞雄
ジョン・スタインベック	中山喜代市
漢の武帝	永田英正
アンデルセン	安達忠夫
ライプニッツ	酒井潔
アメリゴ＝ヴェスプッチ	篠原愛人
陸奥宗光	安岡昭男
ジェイムズ・ジョイス	金田法子
魯迅	林田愼之助 小山三郎
吉野作造	太田哲男
三島由紀夫	熊野純彦